MÉMOIRE

SUR

LA DURÉE ET LA SUSPENSION

DE LA PRESCRIPTION,

LU A L'ACADÉMIE DES SCIENCES MORALES ET POLITIQUES,

PAR M. BERRIAT SAINT-PRIX.

A PARIS,
CHEZ P.-J. LANGLOIS, LIBRAIRE,
RUE DES GRÉS-SORBONNE, 10.

1841.

IMPRIMÉ CHEZ PAUL RENOUARD, RUE GARANCIÈRE, 5.

AVIS.

Une partie importante de l'opuscule suivant devait, d'après une délibération de l'Académie des sciences morales et politiques (19 décembre 1840), être insérée dans ses mémoires. Plusieurs circonstances impérieuses et imprévues ne nous ont pas permis, et à notre grand regret, de profiter de cette décision honorable. Il suffira d'en indiquer une, savoir : que l'insertion ordonnée avait été réservée pour le tome quatre de ces mémoires, dont la publication ne peut guère avoir lieu avant une ou deux années... Or, pressé par M. Spaccapietra, juge à la grande cour des Trois-Abruzzes (lettres des 12 septembre et 27 octobre 1840), de lui envoyer une copie du même opuscule pour le joindre à plusieurs de nos dissertations qu'il traduit de concert avec M. Vignali, procureur du roi au tribunal d'Aquila, nous nous étions à-peu-près engagé à faire cet envoi au plus tard en janvier 1841, époque où devait, nous avait-on assuré, paraître le tome troisième des mémoires de l'Académie, dans lequel nous avions été induit à croire que le nôtre serait inséré s'il avait la sanction de cette compagnie.

Des jurisconsultes de grand mérite, entre autres des professeurs à l'Ecole de droit (MM. Bl., Pell., Perr...), ayant assisté à la première lecture (18 et 25 avril 1840) de l'opuscule, nous croyons, en retour de l'approbation flatteuse dont ils ont honoré notre travail, devoir les informer qu'il n'est point imprimé strictement tel qu'ils l'ont entendu, mais tel qu'il a été rectifié avant la seconde lecture (5 et 12 décembre 1840), car depuis la première, nous y avons fait une application large et fréquente de la seconde partie du précepte célèbre : « Ajoutez quelquefois et *souvent effacez*... » L'emploi d'une semblable méthode, nous l'espérons du moins, ne les engagera pas à rétracter la même approbation. Celle de M. Perr.. nous est surtout précieuse en ce qu'il l'avait donnée à notre insu, et après avoir assisté à toute la durée des deux séances, où avait eu lieu la première lecture.

On trouvera dans l'appendice K (pag. 72-75) l'explication des signes abréviatifs employés dans l'opuscule.

MÉMOIRE

SUR

LA DURÉE ET LA SUSPENSION DE LA PRESCRIPTION,

LU A L'ACADÉMIE DES SCIENCES MORALES ET POLITIQUES.

MESSIEURS,

Une des institutions les plus utiles à l'ordre social, est sans contredit la prescription, c'est-à-dire, un moyen, en 1er lieu, d'acquérir la propriété d'une chose lorsqu'on l'a possédée depuis un certain temps... ;

En 2e lieu, de se libérer d'une obligation lorsque le créancier n'en a pas réclamé l'accomplissement, aussi pendant un certain temps.

Grâce à la prescription, le possesseur transformé en quelque sorte en propriétaire, peut, sans la moindre inquiétude, jouir de tous les produits et avantages de la chose, se livrer à des améliorations, profiter de sa valeur pour se procurer des ressources, soit en l'aliénant, soit en la présentant comme gage d'emprunts, etc.... et le débiteur affranchi de ses engagemens, est libre d'employer les fonds à l'aide desquels il devait s'acquitter, à des spéculations, à des entreprises, à des prêts, à des placemens, en un mot à tous les usages que son industrie peut lui suggérer... Enfin, tous les deux se livrer à cette *envie d'améliorer son état*, que deux illustres professeurs et écrivains d'économie publique, Adam Smith et Vandermonde, regardaient comme le moyen le plus fécond de progrès pour les sociétés modernes (*Éc. norm.*, leç., iij, 149).

Par quels motifs la loi a-t-elle changé la position embarrassante, difficile, pénible de ces deux individus en une position si avantageuse ?

Serait-ce par intérêt pour la société ?... Il est possible que par une sorte d'instinct, le législateur y ait pensé; mais il l'a rarement laissé entrevoir. Ce sont presque toujours les individus pour lesquels il réserve tous ses soins ; il examine avec scrupule leur position particulière pour savoir s'il doit donner une règle par laquelle il admette ou repousse, ou pour un temps, ou pour toujours, la prescription. S'agit-il par exemple, d'une femme ? Il examine si elle est libre ou mariée... Dans le premier cas, elle peut perdre la propriété de ses immeubles par prescription; dans le second au contraire, si elle les a constitués en dot, les voilà fixés dans son domaine ; elle, ou son mari sont parfaitement libres, ou de les laisser vacans et sans culture, au détriment de la société dont le revenu général se compose de tous les revenus particuliers réunis; ou de les laisser occuper par un possesseur plus actif, plus vigilant, plus utile en un mot, au corps social, car elle sera bien sûre pendant la durée de son mariage et lorsqu'il lui en viendra la fantaisie, de chasser de ses fonds, cet homme actif et utile (*Cod. civ.*, art. 2254 à 2256).

Nous pouvons sous ce rapport, assimiler aux législateurs, les jurisconsultes, même les plus savans et les plus graves, même ceux qui ont la réputation d'être ce qu'on appelle des hommes de progrès... S'agit-il par exemple d'un pupille ? le tribunal le plus auguste de France s'avise-t-il de se récrier sur les dangers pour la société, de cette suspension déplorable de la prescription en temps de minorité, l'un des objets principaux de nos recherches ?.. (*voy. ci-apr.*, *article* 2, *pag.* 54 *et suiv.*).

Les voilà qui le critiquent avec force; ils s'attachent à comparer la position du mineur à celle de son adversaire, et ils donnent la préférence à la cause du premier, sans penser aux mesures faciles par lesquelles on pourrait garantir ses droits pendant le cours de la prescription... Pour l'intérêt de la société elle-même, il attire fort peu leur attention. En un mot, lorsqu'il s'agit de la prescription, les législateurs et les jurisconsultes se déterminent à donner des décisions, plutôt en s'occupant des personnes en procès ou exposées à des procès, que des intérêts de la société elle-même (voy. ci-après, p. 57).

Nous ne sommes point surpris de ce mode de détermination et nous sommes bien éloignés d'en faire un sujet de reproche surtout pour les législateurs, parce qu'ils ne connaissaient pas la science qui doit leur servir de guide principal dans la composition des lois, c'est-à-dire l'économie politique, que nous aimerions mieux appeler économie sociale; ou bien, parce que, lorsqu'ils l'ont connue, ils se sont trouvés placés dans des circonstances où il leur était difficile d'en appliquer les véritables principes (voy. p. 12, 17, etc.).

Un coup-d'œil sur la manière dont se sont formées nos lois civiles actuelles, ou, en d'autres termes, sur leurs différentes sources, suffira pour justifier notre proposition.

Elles se divisent sous ce rapport, en trois parties. L'une d'elles, et c'est la plus considérable, a été puisée avec de légères modifications, dans les lois anciennes, ou des Romains, ou des nations barbares de leur temps; une seconde et c'est la moins étendue, dans les ordonnances de Louis XIV et de ses deux successeurs; une troisième, embrassant beaucoup plus de matières que la seconde, pout être attribuée aux hommes d'état du xixe siècle, à cause des changemens importans qu'ils ont faits aux systèmes anciens.

La première partie, considérée sous le rapport des principes de l'économie sociale, est jugée par ce seul mot d'un des membres les plus illustres que possédait notre académie au temps de sa formation primitive, le profond et savant philosophe Volney : « Les anciens, dit-il, nous ont appris peu de chose en morale, et rien du tout en économie politique.» (*éc. norm., leç., iij*, 434).

Suit-il de là, pour le remarquer en passant, que, dans notre opinion, l'on doive faire peu de cas des lois romaines? Bien loin de là, nous les admirons sans cesse. Dépourvus qu'ils étaient de l'aide puissante dont leur eût été l'économie politique, les Romains (nous voulons parler des auteurs des Pandectes) ont néanmoins tant de supériorité sous d'autres rapports, que les législateurs modernes ne sauraient trop les prendre pour modèles... C'est une perspicacité singulière pour démêler les difficultés les plus graves dans les questions compliquées... Une sagacité extraordinaire pour les résoudre en combinant de la manière la plus heureuse, les principes rigoureux du droit avec les inspirations de l'humanité et de l'équité... Une clarté, une précision admirables dans les décisions, sans en écarter la correction et même l'élégance... Que de qualités les auteurs ou législateurs modernes ont à leur envier?.. (*Hist. dr. rom.*, p. 163).

Et ces qualités, on les trouve à un degré plus ou moins éminent, dans un espèce de pléiade qui se rencontra pendant le cours d'un ou deux siècles tout au plus *(ib., p.* 351, *etc.)* et dont le chef a mérité que le premier de nos jurisconsultes, Cujas, dit de lui *(ib., p.* 116; *Cujas-Venise*, IV; 3): personne ne peut être comparé à Papinien, si ce n'est par dérision *(nisi per deridiculum)*, et si la religion ne s'y opposait, nous devrions lui élever des autels *(si jus piumque christianis esset, illius aram opima imbueret hostia).*

Que dire à présent des parties de nos lois civiles puisées dans les vieux usages des barbares des premiers siècles de notre ère?... dans ces usages dont quelques-uns remontent jusqu'à nos illustres aïeux, les Sicambres (1)? Il suffit de le remarquer : constatés par écrit dans chaque province sous le nom bizarre de Coutumes, aux xve et xvie siècles, époques où l'on s'occupait plus de rechercher ce qu'avaient pensé ou bien expérimenté les anciens, que de penser ou d'expérimenter par soi-même.... on le sent bien, la remarque de Volney s'y applique encore mieux qu'au corps des lois romaines.

Une exception semblerait d'abord devoir y être apportée en faveur des lois faites sous Louis XIV et ses deux successeurs, dont nous retrouvons bien des dispositions dans notre Code de commerce et dans les titres des actes de l'état civil et des donations et testamens de notre Code civil. Sans doute, Colbert, sous l'initiative de qui furent faites en 1673 et 1681, les ordonnances du commerce et de la marine, avait assez de génie pour pressentir les vrais principes de l'économie sociale ; mais, succombant en quelque sorte sous le poids de deux ou trois ministères, avait-il le loisir de les méditer et de les mûrir?... A l'égard de d'Aguesseau, auteur des ordonnances de 1731 et 1735 sur les donations et les testamens, il aurait pu s'aider de quelques écrits de divers publicistes anglais : mais les ouvrages anglais étaient alors bien peu répandus en France ; l'esprit de liberté qui se montrait dans presque tous, les faisait repousser par l'autorité supérieure... Elle proscrivait même les ouvrages français où l'on cherchait à donner une idée des moeurs, du régime, des opinions et des sectes de la Grande-Bretagne, par exemple, les Lettres philosophiques de Voltaire, publiées vers 1730 à 1734.

(1) Courbe la tête, Sicambre (*Depone colla, Sicamber*), dit saint Remy à Clovis, en le baptisant, et adore ce que tu as brûlé, et brûle ce que tu as adoré. — *Grégoire de Tours*, liv. 11, chap. 31, dans D. Bouquet, ij, 177.

D'ailleurs, si à raison de sa qualité de chancelier, il était permis à d'Aguesseau de lire des ouvrages anglais relatifs à l'économie politique, il ne profita guère de sa prérogative. On peut en juger surtout par la loi où il maintint cette révocation étrange des donations par l'effet d'une survenance d'enfant au donateur, que Tiraqueau et d'autres vieux jurisconsultes français avaient introduits par une interprétation forcée d'une loi romaine; que nous regrettons vivement d'avoir vu copier dans notre Code civil, et sur laquelle, si le temps le permet, nous pourrons revenir dans un autre mémoire.

On serait néanmoins tenté d'apprécier différemment d'Aguesseau en jetant un coup-d'œil sur cette autre loi si politique, par laquelle il défendit, en 1749, aux gens de main-morte (*Rec. gén. lois*, XXII, 226), c'est-à-dire surtout aux établissemens compris sous le nom de clergé régulier, d'acquérir des immeubles : un simple coup-d'œil sur les motifs de cette loi suffit pour détruire l'illusion. Son but fut évidemment, moins d'empêcher les corps religieux d'enlever des immeubles à la circulation, que de les contraindre à placer leurs capitaux dans les emprunts faits pour le compte de l'État; d'autant plus qu'elle leur fit la défense de les prêter en rentes à des particuliers... et, pour l'observer, puisque l'occasion s'en présente et que ce fait singulier paraît n'avoir donné lieu jusqu'à présent à aucune remarque, Louis XVI, obligé d'emprunter pour soutenir la guerre par laquelle il appuyait la révolution américaine, renouvela avec force en 1780 (*ib.*, *Louis* XVI, *iv*, 370), les défenses de son aïeul, sans se douter probablement, non plus que les ecclésiastiques, de l'influence de la révolution ainsi protégée, sur les évènemens dont, et prêteurs et emprunteur devaient être dans peu de temps les victimes.

Après les lois de d'Aguesseau, dont la dernière, si l'on excepte la loi sur les gens de main-morte, est celle des substitutions (1747.. *ib.*, XXII, 193), où, il est juste de le dire, se trouvent, non une réforme de ce mode vicieux de libéralité, elle était au-dessus de son pouvoir, mais au moins quelques modifications sages, nous arrivons à l'édit de juin 1771 (*ib.*, p. 530), dernier acte un peu important du règne de Louis XV, en matière civile.

Il eut pour objet le purgement des hypothèques établies sur des biens vendus amiablement par un débiteur... Dans ce but, il soumit, sous peine de déchéance, les créanciers à former sous un bref délai (deux mois) après l'insertion d'un extrait manuscrit du contrat de vente dans un tableau du baillage où étaient situés les biens vendus, une opposition au sceau des lettres de ratification que l'acquéreur devait obtenir pour que ces biens fussent dégagés d'hypothèques.

Voilà une première amélioration de notre régime hypothécaire, un premier pas fait vers le système actuel reposant sur la publicité : voilà ce qui donna l'idée d'une des meilleures institutions civiles des temps modernes, celles des journaux judiciaires, parce qu'on ne tarda pas à s'apercevoir combien la publication, résultant du tableau unique et manuscrit d'un auditoire, était insuffisante.

Par le moyen de ces journaux, du moins avec les améliorations résultant de nos codes et qu'il serait facile de compléter, par exemple, en exigeant qu'on y insérât, comme cela se fait en Belgique (*Répert.*, XVII, 2) un extrait des assignations données à des étrangers; par leur moyen, disons-nous, toutes les transactions, toutes les opérations dont il est nécessaire que les particuliers soient informés pour pouvoir veiller à la conservation de leurs droits et les mettre à l'abri des atteintes de l'intrigue, du dol et de la fraude, ont été livrées à la publicité... Séparations entre mari et femme; ventes forcées des meubles ou immeubles d'un débiteur, ventes volontaires de ceux d'un mineur (*C. proc.* 866, 880, 617, etc., 646, etc., 703, etc., 962, etc.); purgement des hypothèques (*C. civ.*, 2185 à 2187); déclarations de faillites (*C. com.*, 442)... Rien en quelque sorte, du moins avec les améliorations précédentes, ne peut désormais, comme cela était jadis si facile, être caché aux personnes intéressées, à moins qu'elles ne mettent dans la gestion de leurs affaires, une négligence qui ne doit pas appeler sur elles la protection de la loi.

A quoi dût-on une amélioration si importante pour la société?. Nous avons lieu de le présumer; à l'étude depuis quelque temps assez répandue, des principes de l'économie politique.

Les effets désastreux du système de Law avaient dirigé l'attention publique vers cette science alors tout-à-fait inconnue. Dès 1734 et 1738 on vit paraître les deux ouvrages remarquables de Melon et de Dutot sur le commerce et les finances, ouvrages suivis au bout de peu d'années, de divers opuscules, sans parler du savant Essai sur les monnaies, publié en 1746, par Dupré de Saint-Maur, ni de divers chapitres de l'*Esprit des lois*, où Montesquieu, en 1748, glissa quelques traits de son génie (v., *entre autres*, livr. 7 et 20 à 22; et *sur le livre* 7, éc. norm., leç., IV, 177, et Stewart, ij, 216).

Mais c'est surtout à partir du milieu du XVIIIe siècle (1753) jusque vers l'époque de l'édit dont nous parlons (1771), que les écrivains s'exercèrent sur l'économie publique ou plusieurs de ses parties accessoires, soit en composant, soit en traduisant des ouvrages. Il suffit pour notre objet, de citer les Forbonnais, les Beausobre, Condorcet, Galiani, Pinto, Raynal..., sauf à compléter notre indication dans une note (v. *Append.* A), et à renvoyer pour plus de détails, du moins relativement à plusieurs des mêmes écrits, à la bibliographie de M. Blanqui (v. ci-apr. p. 13).

Sur ces entrefaites, il s'était formé une école qui embrassait la science économique dans tous ses points, et la réduisait à un système dont elle avait produit les élémens vers 1755 à 1760. Son chef fut le célèbre docteur Quesnay. Secondé par des hommes de mérite, comme Mirabeau père, Turgot, Mercier-la-Rivière, Baudeau, Dupont de Nemours (1), leurs écrits sur la science économique se multiplièrent jusque vers le temps de l'édit à l'occasion duquel nous parlons des progrès de cette science, et même depuis, car ils ont influé sur le mode de contributions nouvelles adopté en 1791 par l'Assemblée constituante.

Enfin, dès 1765, on publia spécialement pour l'économie publique, un journal mensuel intitulé les Ephémérides du citoyen. (2)

Dans cet état d'agitation ou d'occupation des esprits, il était impossible que les ministres, malgré l'indifférence dont l'omnipotence est ordinairement accompagnée, ne jettassent pas un coup-d'œil sur quelques-uns des ouvrages précédens Or, sans en excepter les œuvres de Quesnay et de ses adeptes, bien que leur système mal accueilli dès le principe en Angleterre, et abandonné dans la suite en France, si ce n'est, dit-on, par un de nos honorables et savans confrères dont la constance à soutenir ce qu'il pense être la vérité, mérite assurément des éloges (v. ci-dessous, note 1, à la fin)... aucun de ces traités ne devait repousser une mesure comme celle

---

(1) Sur cette école, voir M. Blanqui, t. 2, p. 88 et suiv.; et sur les écrits de ceux que nous citons, sa Biographie, excepté pour Mirabeau père (le marquis de), dont le nom n'est point à sa table (p. 475) et à qui l'on doit beaucoup d'ouvrages, entr'autres, l'Ami des hommes, la Théorie de l'impôt... — *Voir aussi*, en faveur du système de la même école, M. Dutens, Philosophie de l'économie politique, et Défense et Appendice à la défense de cette philosophie, 1835, 1837 et 1839.

(2) Commencées par Baudeau, et continuées à partir de mai 1768, par Dupont de Nemours (v. *Théor. du luxe*, part. ii, p. 26). Les Éphémérides sont indiquées en général par M. Blanqui, t. 2, p. 108, mais n'ont pas d'article dans sa Bibliographie.

de l'édit de 1771, propre à faciliter la garantie et en quelque sorte la circulation de la propriété territoriale.

On avait d'ailleurs eu déjà une preuve de la propension nouvelle du ministère pour les œuvres d'économie sociale, dans l'édit de juin 1766, par lequel l'intérêt légal de l'argent était réduit à quatre pour cent, taux que par malheur, il fallut abandonner en février 1770 *(Rec. gén. lois,* XXII, 459 et 499), pour revenir à celui de cinq pour cent. Il regrettait sans doute les chicanes pointilleuses faites à l'éditeur-traducteur du traité de Josias Child *(append.* A, n. 4*),* où l'abaissement de l'intérêt est recommandé, éditeur (J. V. de Gournay), que malgré sa qualité de conseiller d'état, on avait forcé à supprimer ses notes *(Grimm, Correspond.,* I, 319*).*

Enfin, à l'époque de l'édit, le ministre chargé du département le plus en rapport avec la science de l'économie sociale, était l'abbé Terray, homme dont la conduite et le caractère ont été attaqués, mais dont personne n'a nié l'ardeur pour le travail *(Magas. encylc.,* 1re *année,* III, 384*),* ni les talens et les connaissances. Tels sont les motifs de notre croyance relativement à l'influence que l'édit de 1771 put recevoir de l'étude de l'économie politique... Le besoin de la justifier nous a entraîné dans des détails un peu fastidieux, mais nous serons au moins dispensé d'y revenir dans des parties de notre mémoire où il faudrait donner quelques-uns de ces détails.

Nous passerons sur la dernière loi civile du règne de Louis XV relative à l'établissement des gardes du commerce chargés d'arrêter les débiteurs à Paris *(édit de* 1772, *refondu en* 1778... Rec. gén. lois, xxij, 551, et Louis XVI, iij, 371), et sur les lois du règne de Louis XVI, comme celles qui concernent soit les consuls français (1778... *ib.,* 333) établis à l'étranger, soit l'état civil des non-catholiques (1787.. *ib.,* vj, 472). Les deux premières sont des lois de juridiction et de procédure où l'étude dont nous parlons a moins d'influence que dans d'autres matières ; et s'il en est autrement de l'édit sur l'état civil, cette mesure était si fort commandée par l'opinion et par la politique proprement dite, qui la même étude ne dut que très peu y concourir.

On peut en dire autant de deux lois fort importantes qui surgirent pour ainsi dire, en 1789, à l'aurore de la révolution. L'une, à l'improvisation de laquelle contribuèrent d'ailleurs, des excès dans un repas alors usité, le souper, c'est-à-dire la loi sur la suppression du régime féodal, décrétée dans la nuit du 4 au 5 août (v. *append.* B), a eu un singulier retentissement et a fixé l'attention de tous les historiens (*lois et act.*, t. 1, p. 1 *et suiv.*).

L'autre, au contraire, dont les effets ont eu néanmoins une immense influence sur l'état social moderne, c'est-à-dire la permission accordée par le décret du 2 octobre (*ib.*, *p.* 19), d'exiger un intérêt dans les prêts d'argent à terme, avantage incommensurable réservé alors aux seules provinces de Dauphiné et d'Alsace, ou à quelques districts épars (1), est passée presque inaperçue dans les récits des contemporains et de leurs successeurs. Elle n'a pas même obtenu une simple

---

(1) La Bresse, le Bugey, Gex et le Valromey (*Répert.*, vi, 447).

La stipulation de l'intérêt était aussi permise, 1° à Lyon, mais seulement pour les obligations passées entre marchands, et exigibles à l'un des quatre paiemens trimestriels usités entre eux (*ibid.*, p. 448).

2° Dans le Béarn, la Basse-Navarre et le pays de Soule (département des Basses-Pyrénées); mais seulement à l'égard des prêts faits pour le colportage des Français en Espagne, et pour l'emploi des dots et des légitimes; encore l'intérêt, dans ce cas, ne pouvait-il excéder le quatre pour cent. C'est ce qui résulte d'une déclaration du 29 juin 1720, analysée peu exactement au Répertoire (*ibid.*, p. 447), et omise dans le Recueil général des lois françaises (v. *append.* K, à ce mot), mais insérée (nous nous en sommes procuré une copie) dans un recueil des édits etc., enregistrés à Pau, publié en 1786.

mention dans quatre ou cinq histoires que nous avons eu l'occasion de feuilleter parmi le grand nombre de celles qui garnissent les rayons de la Bibliothèque royale (nous pourrons aussi, vu son extrême importance, y revenir dans un autre mémoire).

Nous voici donc arrivés à la révolution française. Pendant les premières années de ce grand cataclysme, selon la remarque profonde d'un de nos plus savans historiens modernes, M. Augustin Thierry (I, 146), « l'action était tout et « la pensée de chacun s'absorbait dans les nécessités de « l'heure présente, dans l'intérêt ou dans la passion du mo- « ment. »

Comment alors espérer que de bonnes lois civiles où l'on verrait les principes du droit combinés avec les règles de l'économie sociale, pussent être faites?

Aussi, lorsqu'on parcourt le petit nombre de celles qui se firent en quelque sorte jour au travers des bouleversemens opérés par ce cataclysme, on voit que leurs rédacteurs étaient dominés plutôt par les idées purement politiques attachées aux nécessités précédentes, que par toute autre considération.

Par exemple, lorsqu'ils établirent en 1790 et 1793, le partage égal entre tous les cohéritiers (*Lois et actes*, I, 155, VI, 374), d'abord des biens nobles réservés jadis à de certaines personnes, et ensuite de tous les biens d'une autre espèce dont précédemment la loi ou l'usage accordait une portion considérable aux aînés... et lorsqu'en 1792, ils abolirent les substitutions (*ib.*, VI, 323).. ils pensaient plus a l'avantage de faire des partisans au nouvel ordre de choses qu'à l'utilité dont ces mesures pourraient être pour le corps social... et ce fut aussi sous l'influence de la même idée et sans s'occuper de la question célèbre de savoir si une division trop étendue des terres peut ou non être nuisible au corps social, par ses effets sur l'accroissement de la population, qu'en 1793, ils enlevèrent aux pères la faculté de disposer d'une partie de leurs biens (7 mars... *ib.*, 445); et qu'ils établirent par la fameuse loi du 17 nivose an ij (*ib.*, VIII, 214) leur système singulier de subdivision presque indéfinie, des successions collatérales entre les diverses branches de parens (1).

Et des observations semblables ou analogues pourraient s'appliquer aux lois de 1792 sur l'état civil et le divorce.

Si les nécessités de l'heure présente, pour rappeler l'observation de M. Thierry, n'eussent pas absorbé leurs pensées, ils n'auraient certainement point manqué de ressources pour s'éclairer dans leur marche. Il nous serait peu difficile de le démontrer; mais nous sommes heureusement débarrassés de ce soin. Il nous suffira de renvoyer à l'excellente Histoire de l'économie politique, où notre honorable confrère M. Blanqui fait une analyse claire, facile, rapide et néanmoins substantielle, de presque toutes les œuvres un peu importantes publiées sur cette matière depuis les temps les plus anciens jusques à nos jours.

On y verra (II, 132) que dès son apparition en 1776, le meilleur traité d'économie politique, du moins à son avis, les *Recherches sur la richesse des nations*, par Adam Smith, avait produit une espèce de révolution dans cette science. Seulement, comme nous devons montrer que les législateurs français avaient pu consulter, soit Smith, bien qu'ayant écrit dans une langue étrangère, soit le cours d'économie politique fait en l'an III, à la grande école nor-

(1) Dès 1792, François de Neufchâteau avait proposé à l'assemblée législative, de vendre les biens nationaux par petites portions « afin « d'attacher davantage le peuple au maintien du nouvel ordre de « choses ». — *Voir* Biographie nouvelle des contemporains, par Arnault, etc., tome VII (1822), p. 305; Biographie des quarante (1826), p. 125.

male, soit d'autres ouvrages, nous ajouterons à la bibliographie de M. Blanqui quelques indications omises, sans doute faute de temps, et sans doute aussi déjà insérées dans le manuscrit de son édition future, car son travail en mérite plus d'une ; savoir, des indications, d'abord des premières traductions ou analyses françaises un peu étendues de l'œuvre de Smith ; et ensuite, d'un petit nombre d'autres écrits sur la même science, et nous donnerons enfin une notice sur le cours de l'école normale.

La première traduction d'Adam Smith, faite par l'abbé Blavet, fut d'abord insérée en entier dans divers cahiers du Journal d'agriculture des années 1779 et 1780, et ensuite publiée 1° en 1781, à Yverdun, 2° en 1788, à Paris ; la seconde, due à Roucher, parut dès 1790 ; enfin, la même année, Condorcet en donna une analyse de plus de deux cents pages dans la Bibliothèque de l'homme public.

Passons au cours professé en l'an III, à la grande école normale, à cette institution la plus belle peut-être pour l'instruction publique, des temps anciens et modernes ; à cette institution qui mit en honneur, en y appelant les premiers savans du monde (1), le professorat jusqu'alors considéré comme une tâche réservée à d'obscurs pédans ; à cette institution, à la création de laquelle un de nos confrères, dont nous nous honorons d'avoir obtenu l'amitié (M. Lakanal), eut la plus grande part.

Un des membres les plus distingués de l'Académie des sciences, Vandermonde, y fut chargé de l'enseignement dont nous parlons. Il le popularisa en quelque sorte, en y

(1) Mathématiques, *Lagrange, Laplace*; géométrie descriptive, *Monge*; chimie, *Berthollet*; physique, *Haüy*; géographie, *Buache* et *Mentelle*; histoire naturelle, *Daubenton*; agriculture, *Dubois*; morale, *Bernardin de Saint-Pierre*; littérature, *Laharpe*; histoire, *Volney*; analyse des sensations, *Garat*; économie politique, *Vandermonde*, grammaire générale et enseignement des sourds-muets, *Sicard*.

faisant participer des élèves venus, au nombre de quatorze ou quinze cents, de tous les districts de la France (1), et dans le pays de la plupart desquels le nom de la science professée était même inconnu. Ses leçons ne furent pas seulement orales, mais, comme celles de ses illustres collègues, publiées au moyen de la sténographie, art jusqu'alors non moins inconnu en France, dans un recueil dont on doit regretter sous tous les rapports, la discontinuation (*Append.* K, mot Ec.). Vandermonde ne s'en tenait point là. A l'issue des leçons, renouvelant l'ancienne méthode de l'Académie d'Athènes, il continuait ses instructions dans des promenades au Jardin des Plantes avec ses auditeurs les plus assidus, et, ayant eu l'avantage de nous placer parmi eux, nous nous souvenons très bien de l'avoir entendu insister à plusieurs reprises sur le principe vivifiant de l'ordre social moderne, ou *l'envie d'améliorer son état,* dont nous avons parlé et qui avait déjà été proclamé, mais avec moins de force, par Adam Smith.

Ce fut aussi pendant une de ces promenades qu'il chercha à justifier la préférence qu'il donnait dans ses leçons, à James Stewart, sur Adam Smith, par le récit d'une anecdote, d'où il résultait que le fameux ministre Pitt avait dû ses talens prodigieux, à une étude approfondie du premier de ces auteurs (v. *append.* C).

Quoi qu'il en soit, dans sa prédilection pour Stewart, Vandermonde s'était hâté de le faire traduire, et la traduction en avait été publiée en 1789 (*append.* K, mot Ste-

(1) Ils avaient été choisis par les administrations de district, dans la proportion de un pour vingt mille habitans (*Loi du 9 brumaire an* III, *art.* 2) et la France comprenait alors plusieurs pays (Monaco, le comté de Nice, la Savoie, l'évêché de Bâle, etc.) qui en ont été détachés en 1814 et 1815. D'ailleurs, le comité d'Instruction publique avait accordé directement un certain nombre de cartes à des élèves non choisis par les administrations de district.

wart). Ce temps d'action, pour rappeler le mot de M. Thierry, n'était pas favorable à des ouvrages sérieux; mais Vandermonde, par ses leçons en l'an III (1795), donna du crédit à celui-ci (*éc. norm., leç.*, II, 448, etc.). Un grand nombre d'exemplaires en furent acquis ; l'œuvre de Stewart fut méditée et fut même citée au bout de peu de temps, à nos tribunes législatives, et entr'autres, si nous nous en souvenons bien, par Lebrun, depuis architrésorier de l'empire, et par Baudin des Ardennes (v. *append.* K, *suprà*).

On le voit ; les législateurs français ne manquaient point de ressources quant à l'économie sociale, au moment où ils s'occupèrent sérieusement d'un code civil, c'est-à-dire au commencement du XIXe siècle... Ils en manquaient d'autant moins, que depuis l'école normale, d'autres ouvrages relatifs à la même science, avaient été publiés ou traduits : par exemple, ceux d'Herrenschwand, de Garnier et de Roederer (v. *append.* D.) ; sans parler, soit, de divers écrits antérieurs à cette école, mais postérieurs à 1771, sur lesquels Vandermonde avait ramené l'attention publique, comme ceux de Verri, de Chastellux, Arthur Young, Arbuthnot, Condillac, Anderson, Moheau, Necker, Mirabeau, Hocquart, Caseaux, Clavières, et Paley (v. *append.* E).... soit d'autres ouvrages indiqués dans la bibliographie de M. Blanqui. (1)

Aussi croyons-nous que cette science se répandant chaque jour, eut une heureuse influence sur les lois civiles intermédiaires les plus remarquables, par exemple sur les lois du 11 brumaire an sept, relatives aux hypothèques et à l'expropriation forcée, qui, dans notre opinion, avec quelques changemens, auraient formé un système plus conforme à l'intérêt de la société, que les titres des hypothèques et de

---

(1) Il y parle aussi des ouvrages de Verri, de Chastellux, d'Arthur Young, Moheau et Necker, que nous venons de citer et dont nous indiquons les titres, même lettre E, n°s 1, 2, 3, 11, 12 et 13.

l'expropriation forcée, du code civil, et de la saisie immobilière du code de procédure (1).

Mais alors, comment avec de telles ressources, les rédacteurs de nos codes ont-ils admis de semblables systèmes, et ceux qui concernent soit la révocation des donations, dont nous avons dit un mot (p. 6), soit la prescription, dont nous allons spécialement nous occuper?

Cela s'explique encore par les circonstances. On était à peine sorti de ce que M. Thierry nomme un temps d'action, ou, pour mieux dire, on rentrait sous une autre sorte de temps d'action, à cause du personnage qui avait alors réuni de fait, tous les pouvoirs. Un des principes de politique de Napoléon était qu'il fallait *faire*, et comme son immense génie s'étendait à presque tout, il pensait qu'il donnerait une bonne direction à tout ce qu'on ferait sous ses ordres ou d'après son impulsion; et l'on peut croire, lorsqu'on lit les discussions préparatoires des codes où il prit part, qu'il ne se flattait pas beaucoup lorsqu'il se complaisait dans cette idée, si ce n'est toutefois qu'il penchait trop pour ce qui avait en sa faveur la sanction du temps, sans examiner s'il y avait aussi celle de la raison.

Un autre motif, lorsqu'on eut à s'occuper de la prescription, vint fortifier son principe ou plutôt aiguillonner ce besoin de *faire*, né de son incroyable activité. Napoléon

_____

(1) Telle était aussi l'opinion de la cour de Bruxelles (*obs. tribun.*, p. 693; Fenet, III, 365).

N. B. La chambre des députés s'occupe depuis quelque temps (janvier 1841) d'un projet de loi, préparé depuis une douzaine d'années, et adopté avec des modifications par la chambre des pairs au mois d'avril 1840, pour la refonte de la législation sur les ventes judiciaires d'immeubles. On a été plus diligent à Naples. Dès 1828, on y a opéré la même refonte, dans une loi où nos législateurs, nous l'avons déjà remarqué (acad. des sciences morales, séance du 14 novembre 1840... v. moniteur du 21) pourraient puiser des documens fort utiles.

avait, comme tous les grands hommes, son côté faible. Il mettait de l'importance à attacher son nom à des faits, à des établissemens, à des monumens, comme si son nom par lequel, à notre avis, tous les noms historiques sont éclipsés, si nous en exceptons celui de César, et sous un autre rapport, celui de Washington, avait eu besoin pour vivre dans la postérité, d'un autre appui que de celui de ses actes! Il voulait donner et il donna en effet bientôt ce même nom au premier recueil de lois dont on s'occupait (voy. *Append.* F.), et, par malheur, la prescription allait en clore la confection. Aussi, quelle précipitation ne mit-on point à en arrêter les règles nombreuses et si importantes pour le corps social? Deux séances, à peine à sept jours d'intervalle, la première au conseil d'État (7 pluviose an xij... *Locré*, xvi, 516 et 539), où, nous n'osons presque le dire, les observations sur le projet ne remplissent pas plus de deux pages in-8° (69 lignes), et la deuxième au tribunat (14 pluviose..., *ib.*, 544), suffirent pour enfanter les soixante-trois dispositions presque toutes capitales, dont il se compose; encore Napoléon, occupé probablement alors de la conspiration ou coalition de Moreau, de Pichegru et de Georges Cadoudal, recherchée avec activité et inquiétude par sa police, n'assista-t-il point à la séance du conseil d'état, véritable épreuve pour la discussion du projet de loi; car, dans celle du tribunat, on se réduisit à-peu-près à des observations grammaticales.

Il vint ensuite, il est vrai, présider la séance du conseil d'état, où l'un des hommes les plus éminens de cette assemblée célèbre, l'immortel Portalis, présenta la rédaction définitive du projet, arrêtée après les observations du tribunat (12 ventose..., *ib.*, 551); mais, d'une part, rarement ces rédactions définitives donnaient lieu à des remarques, et, de l'autre, la préoccupation du maître ne devait pas s'être entièrement dissipée. Si, depuis la première séance, il était parvenu à se saisir de deux de ses ennemis, Moreau et Pichegru (*Moniteur,* 28 pluviose et 9 ventose), le plus dangereux de tous, à cause des attentats auxquels le portaient son caractère et ses habitudes (1), et dont l'idée même aurait été repoussée par ceux qu'on lui donnait comme complices, Georges Cadoudal enfin, restait encore à découvrir. (2)

Nous croyons, par les observations précédentes, avoir justifié la première proposition de notre mémoire, savoir que, si, en matière de prescription, les législateurs ont peu consulté les intérêts de la société, c'est, ou par ignorance des véritables principes de l'économie sociale, ou par l'impuissance où ils se sont trouvés d'après diverses circonstances, d'appliquer ces mêmes principes.

Mais ont-ils en effet peu consulté les intérêts de la société en matière de prescription? Voilà ce qui nous reste à examiner; et, pour ne pas donner trop d'étendue à notre travail, nous nous restreindrons à deux points, à la vérité fort importans, la *durée* et la *suspension* de la prescription.

S'il s'agit de la prescription pour acquérir, ou de l'usucapion ancienne des Romains, l'auteur du meilleur traité ancien sur cette matière, Dunod (*Append.* K, à ce nom), souvent copié, même dans ses fautes, et pas toujours cité par ses successeurs, nous indique les motifs suivans, d'après quatre lois du Digeste puisées dans les ouvrages de Nératius, Gaïus et Paul, jurisconsultes des trois premiers siècles de notre ère (*Hist. dr. rom.*, p. 355 à 357).

---

(1) Aussi, après l'arrestation de Pichegru, ferma-t-on rigoureusement les barrières de Paris pendant la nuit, et surveilla-t-on, avec un soin extrême, les personnes qui sortaient de la ville pendant le jour (moniteur du 9 ventôse an xii).

(2) Il fut arrêté le 18 ventôse an XII (9 mars 1804), après avoir tué ou blessé mortellement, de deux coups de pistolets, les deux premiers agens qui atteignirent sa voiture (monit. des 19 et 21 ventôse).

1. Il faut assurer les fortunes des particuliers en fixant l'incertitude des domaines par la possession, dont le fait est ordinairement certain.

2. *Id.* Obvier aux procès que pourrait faire naître cette incertitude.

3. *Id.* Punir la négligence de ceux qui ayant des droits acquis tardent trop à les faire connaître et à les exercer : la loi présume qu'ils ont voulu perdre, remettre ou aliéner ce qu'ils ont laissé prescrire. *Vix est ut non videatur alienare qui patitur usucapi* (v. Loi 28, Dig. verb. signif.).

4. Enfin, dit-il, d'après le même Gaïus (Loi 1re, *Dig.* de usurpat.), elle a été introduite pour le bien public.

On ne doit point être surpris de ce que Dunod, tout en convenant que le bien public est préférable au bien des particuliers, a placé au dernier rang le motif qu'il aurait dû placer en première ligne. L'expression *bien public* est assez vague de sa nature. On l'a employée souvent dans la jurisprudence, tout comme une expression analogue *l'ordre public*, sans y attacher un sens bien déterminé quoiqu'on en tirât des conséquences fort graves; par exemple celle-ci, que le juge peut suppléer d'office les exceptions d'ordre public négligées par les parties, maxime soutenue par Merlin, mais repoussée et avec raison par la cour suprême (*Cours procéd.*, p. 249).

A l'égard des motifs sur lesquels repose la prescription pour se libérer, nous n'en avons point trouvé dans Dunod, mais Henrion de Pansey (*Répert.*, IX, 482) donne celui-ci comme généralement admis, savoir que le créancier qui est demeuré long-temps sans exiger sa dette, est censé en avoir été payé, ou bien avoir renoncé à la réclamer.

Du reste, les auteurs ou législateurs, surtout les anciens, regardent avec beaucoup de défaveur la prescription. Des interprètes, même du plus haut rang, par exemple Cujas (I, 963) et Pacius (p. 175) la représentent comme opposée au droit naturel, à l'équité ; les glossateurs (*mot* triennium, *Instit.* de usucap., in pr.) et leurs successeurs immédiats, par exemple Dynus, Bartole et Jason (v. *Balbus*, p. 125) la traitent d'odieuse (*odiosa prescriptio*) ; enfin Justinien la qualifie nettement (*Nov. ix*) d'impie (*impium præsidium*).

Nous ne tracerons point ici la réponse qu'on aurait pu faire à ce législateur adorable, sacré et même divin, comme il se qualifiait modestement en ces termes : *Nostrum os divinum, nostra divina oracula, nostros divinos afflatus, nostra divina constitutio* (Hist. dr. rom., p. 115). Nous ne lui dirons point, si la prescription est un remède impie, pourquoi l'autorisez-vous ? Ou au moins si vous y êtes contraint dans l'intérêt de la chose publique, pourquoi n'essayez-vous pas de nous montrer, vous, si peu avare de paroles ; vous dont le style est si éloigné de la concision élégante des auteurs du Digeste ; vous, dans les actes de qui l'on trouve des phrases de cent, deux cents et quatre cents mots (*ib.*, p. 173) ; pourquoi ne montrez-vous pas qu'en effet d'après telles ou telles considérations d'utilité sociale, vous avez été forcé de fermer les yeux sur une impiété ?... Nous ferons une simple remarque : malgré la diffusion des lumières et surtout des principes de l'économie politique, cette défaveur où la prescription était jadis, a exercé de l'influence sur l'esprit des législateurs modernes.

On en trouve plusieurs traces dans notre Code civil. En voici un exemple : De tout temps la raison et la nature des fonctions du juge lui ont fait un devoir de suppléer aux moyens omis par les parties dans leurs défenses, parce que, organe de la loi, il doit en connaître les dispositions, tandis qu'un grand nombre de plaideurs peuvent les ignorer ; enfin, une loi de Justinien le lui prescrit positivement (*Code*, ij, 11). Eh bien ! il en est autrement en matière de prescription ; notre Code (2223) lui défend de suppléer d'office le moyen qui en est tiré.

Par bonheur, les lois pénales ne contiennent rien de semblable (1). La cour de cassation, dans cette haute sagesse dont nous avons tant d'exemples, a profité de leur silence. Elle a consacré une règle tout-à-fait contraire en matière criminelle. Elle s'est en outre reconnu le droit de déclarer d'office la prescription, bien que le condamné ne la fît point valoir et même n'en eût point parlé devant les premiers juges (*Cours crimin.*, p. 106), et qu'en règle générale les omissions ou irrégularités ne puissent être alléguées devant elle, si l'on n'en a pas d'abord argumenté devant le tribunal dont on lui soumet la décision (*Ib.*, p. 209).

Et qu'on ne dise pas que l'objet des causes criminelles est d'une toute autre importance que l'objet des causes civiles régies par l'article 2223, déjà cité : L'observation serait juste si la règle introduite par la cour de cassation était seulement applicable aux procès dits de grand criminel, où il s'agit de crimes, c'est-à-dire d'infractions punies de peines afflictives, et même de la peine capitale, mais elle s'étend également aux contestations de police correctionnelle et de simple police (*ib.*, p. 106, n° 111). Or, un procès civil où peut être engagée toute la fortune d'un plaideur à qui la prescription serait favorable, est bien plus important pour lui qu'un procès de police où souvent la chance la plus fâcheuse est une condamnation à quelques francs de dépens, de dommages et d'amende (2).

(1) Selon les anciens jurisconsultes, il est vrai, et sans doute d'après leur espèce de prévention contre la prescription, il ne devait pas être permis aux juges de la suppléer d'office en matière civile, et néanmoins ils exceptaient de cette règle l'hypothèse où il s'agissait d'un terme fixé par la loi pour remplir de certains devoirs (*Dunod*, p. 110), et c'est aussi ce qu'avait observé la cour de Nîmes (*Obs. trib.*, p. 918; *Fenet*, t. V, 27); mais l'article 2223 n'a fait aucune distinction.

(2) Nous avons fait sur les Etats de l'administration de la justice criminelle, un relevé des condamnations émanées des tribunaux de police

La prévention défavorable que nous venons d'indiquer, aura, selon toute apparence, influé sur la fixation de la durée de la prescription dont nous allons parler, car elle aura disposé à restreindre l'emploi de cette institution, tandis que, au contraire, dans notre opinion, on aurait dû l'étendre.

ARTICLE 1ᵉʳ.

De la durée de la prescription.

Commençons par justifier, mais en peu de mots, notre sentiment.

Quel est un des moyens les plus efficaces de progrès pour l'état social? C'est nous l'avons dit (p. 1 et 15) d'après Vandermonde et Smith, *l'envie* qu'ont les particuliers *d'améliorer leur état*. La richesse générale se composant de la réunion des richesses particulières (*éc. norm.*, *leç.*, II, 457, *et déb.*, I, 308), plus il y aura d'individus agissant dans un esprit d'amélioration de leur position privée, plus la société elle-même marchera vers l'aisance et vers le bonheur, qui, pour la plus grande partie de ses membres, est la conséquence immédiate de l'aisance.

Mais, pour qu'un individu soit porté à améliorer sa condition propre, il faut qu'il ne soit point en proie à de l'incertitude sur l'existence, et à plus forte raison, à de l'inquiétude sur la conservation de ses droits.

Pourquoi, se dira le possesseur d'un domaine, me donnerais-je l'embarras et l'embarras coûteux, de défricher tel fonds, de soigner la culture de tel autre, de substituer au mode ancien usité pour un troisième, un nouveau mode plus utile; de me procurer à grands frais et pour l'essayer dans un quatrième, un instrument agricole de nouvelle in-

---

français pendant quatorze ans, depuis 1825 jusqu'à 1838. Elles s'élèvent à 2,052,819, sur quoi il y en a 80,121 qui prononcent un emprisonnement, et 1,655,605 (vingt fois davantage) seulement une amende.

vention; d'entretenir tous ces fonds, d'en réparer les clôtures, d'en édifier de nouvelles, d'ouvrir des canaux d'irrigation etc., si je suis exposé à me voir dépouiller de ma possession par un ancien propriétaire que je ne connais point, mais sur l'existence duquel j'ai des soupçons ?... Je serais une vraie dupe si je travaillais ainsi pour mon adversaire.... Et il se dira peut-être aussi tout bas, qu'il vaut mieux laisser dépérir les fonds et les édifices par défaut d'entretien, et, au besoin, les dégrader.

Pourquoi, se dira un capitaliste, me donnerais-je le souci de chercher un emploi avantageux de mes fonds, d'en aider une entreprise utile, mais dont les succès exigent du temps; d'en acquérir une maison, un domaine, une manufacture, etc. etc.?. Dans peu, un créancier ancien surgira peut-être et je serai obligé de chercher à me procurer de l'argent et peut-être, aussi en éprouvant des pertes considérables. Pour les éviter, il est plus prudent de conserver mes fonds et de les enlever ainsi à la circulation, quelque avantageuse qu'elle soit pour le corps social envisagé dans sa généralité.

On le pressent : le meilleur moyen d'écarter l'incertitude et l'inquiétude sur ces droits, c'est la prescription et une prescription de courte durée.

Nos législateurs modernes sont-ils partis de ce principe incontestable ?. Nous allons bientôt établir qu'ils s'en sont écartés dans plusieurs points ; que se traînant, pour ainsi dire, à la remorque des anciens, ils ont adopté les délais fixés par ceux-ci, ou les ont très peu modifiés, sans prendre en considération la position si différente de la société pour laquelle ils établissaient des règles.

Par exemple, pourquoi adopter cette prescription de trente ans dont nous parlerons tout-à-l'heure, et dont l'établissement remonte, selon Cujas (*id.-Venise*, IX, 277) suivi par Dunod (p. 7) et par les imitateurs modernes de celui-ci, à un empereur qu'un de ces modernes appelle le grand

Théodose, et qu'un savant voyageur et archéologue de nos jours, qualifie de barbare iconoclaste ? (*Bullet. géograph.*, VIII, 327).

Sans entrer dans la discussion oiseuse du mérite de ce prince, et en admettant pour le moment, qu'il eut en effet imaginé la prescription trentenaire, sa loi pourrait se justifier par des raisons qu'on ne saurait faire valoir pour la nôtre. Le monde romain était alors réuni sous son empire, et ce monde s'étendait dans un sens, de l'Euphrate aux frontières de l'Ecosse, et dans un autre, de l'Atlas au nord du Danube, ou bien avait, selon Bergier (p. 329), et en évaluant son étendue d'après la longueur des routes, environ seize cents lieues françaises de long, sur huit cent cinquante de large... La France est une bien faible partie de ce territoire; elle ne formait que le tiers de la province confiée au temps de Constantin et de ses enfans, un demi-siècle avant Théodose, à l'administration d'un César, ou même d'un simple préfet.

Quels étaient d'ailleurs les moyens de communication propres à faciliter aux individus disséminés sur les divers points de ce prodigieux territoire, la connaissance des faits touchant à leurs intérêts (1)?

Sans doute, il faut l'avouer, les Romains ont laissé bien loin derrière eux, les modernes, dans la confection de ces routes admirables qui traversaient leur empire, routes dont après vingt siècles, on trouve encore aujourd'hui des vestiges, tandis que l'on est si souvent obligé de renouveler

---

(1) Une des cours d'appel (celle de Lyon) avait aussi fortement réclamé contre la prescription trentenaire, et elle proposait de la remplacer par celle de vingt ans. Elle se fondait: 1° sur la facilité plus grande des communications (elle l'alléguait sans en donner la preuve, comme nous le faisons); 2° sur les inconvéniens de ce long intervalle de temps (*voir* Observ. tribun., p. 914, etc., et surtout Fenet, t. 1, p. 341 et suiv.).

les nôtres, après un laps de temps quarante ou cinquante fois moins considérable (1).

Mais d'une part, ces routes paraissent avoir eu pour objet spécial le service de l'état, et malgré les conjectures de Bergier (p. 331 à 333), nous nous croyons en droit de douter que des routes aussi solides fussent étendues comme celles de nos jours, aux communications de districts à districts, de villes à villes, même à villes d'une faible population. En effet, outre que leurs frais d'établissement eussent selon toute apparence, excédé les ressources financières de l'empire, si l'on jette un coup-d'œil sur la carte précieuse de la Gaule, dressée d'après les anciens itinéraires, par notre savant collègue, M. Valckenaer (*Géogr. anc. des Gaules*, t. 3), on aperçoit des vides dans une foule de lieux où existent aujourd'hui des routes de seconde et de troisième classe.

D'une autre part, quels étaient les moyens de transport des particuliers pour leurs voyages? trouvons-nous dans les auteurs latins, des indices de ces voitures publiques si peu coûteuses et si répandues, même dans de simples bourgades?

Enfin, et ceci n'est pas moins décisif, où étaient leurs ressources pour leurs correspondances ? Avaient-ils de ces journaux qui au bout de quatre ou cinq jours, mettent régulièrement sous les yeux des Français les plus éloignés les uns des autres, les faits généraux, les décisions de l'autorité publique ?.. De ces journaux dont l'établissement fait par les Américains du nord, dans le même temps qu'ils ouvrent une route pour une colonie nouvelle, est regardé par Volney, comme une opération éminemment sociale (*éc. norm., lec.*, II, 71, III, 147)?

Bien loin de là, ils n'étaient pas même libres pour leurs

(1) Semblable observation pour la Sardaigne ; ce pays, dit M. Libri (Journ. des savans, 1839, p. 621), qui aujourd'hui manque presque absolument de moyens de communication, garde encore les restes de magnifiques routes qui le sillonnaient il y a quinze siècles.

voyages, ce qui comprend à plus forte raison leurs correspondances, et par là même ces espèces de gazettes ou plutôt de nouvelles à la main dont l'existence et la circulation long-temps révoquées en doute, viennent d'être démontrées par le savant et ingénieux M. Victor Leclerc (p. 340), mais en déclarant que ces nouvelles n'avaient et ne pouvaient rien avoir qui égalât nos journaux; ils n'étaient pas même libres, disons-nous, de se servir de l'institution de la poste; l'usage en était réservé au gouvernement ou à quelques hauts fonctionnaires, à qui il le permettait et encore avec parcimonie (1).

Et avant cette institution (elle remonte, assure-t-on, au premier siècle de notre ère), combien les particuliers n'éprouvaient-ils pas de l'embarras pour leur correspondance? Il nous suffit à cet égard de citer Cicéron qui jouissait néanmoins d'un haut crédit et d'une très grande fortune. Il se plaint souvent dans ses lettres, ou de se voir forcé d'attendre des occasions, ou même d'en manquer, ou enfin d'en avoir trouvé d'infidèles (2), s'il est permis de s'exprimer ainsi.

(1) Bergier (p. 658) parle de cet usage et de ces permissions; mais on trouve sur ce point important beaucoup plus de détails et des détails fondés sur des autorités, dans le savant ouvrage de Lequien de la Neuville, intitulé: *Origines des postes chez les anciens et les modernes*, in-12, Paris, 1708... Il suffit pour notre objet, d'indiquer celui-ci : pour pouvoir courir la poste, il fallait des diplômes appelés *lettres d'évection*, sans quoi l'on pouvait éprouver un refus en route et même être forcé de continuer son chemin à pied, comme cela arriva à Pertinax, bien qu'il fût *gouverneur* d'une province et qu'il se rendît à son poste d'après un ordre de l'empereur (Marc-Aurèle). *Voir* ib., p. 25 et suiv.

(2) On lit dans une lettre adressée à sa femme : *Nec sæpe est cui litteras demus* (Epist. ad. Fam., xi, 6, édition de Dollivet).

Nous voyons dans un autre endroit de sa correspondance (ad. Att., ij, 12), qu'il avait été obligé d'attendre trois jours pour faire parvenir à son célèbre ami, Pomponius Atticus, une réponse qu'il lui avait adres-

Comment cette difficulté de correspondance pour les anciens, n'a-t-elle pas frappé les rédacteurs de nos codes? Comment, en ne prenant même en considération que les derniers siècles, n'ont-ils pas aperçu combien la position des Français du xixᵉ siècle, différait de celle des Français du xviiiᵉ, du xviiᵉ et surtout du xviᵉ siècle, auquel ils ont néanmoins emprunté la loi créatrice de la prescription de dix ans (Ordonnance de 1510)?

Citons un fait à cet égard. Soixante ans après cette loi, Cujas, alors fixé à Bourges, était obligé, pour avoir des nouvelles de ses affaires à Toulouse, d'y envoyer un messager exprès, et de débourser à cette occasion, nous l'avons montré dans son histoire (p. 461), soixante francs, valeur actuelle, tandis qu'aujourd'hui, avec une dépense de vingt-huit sous, il aurait pu envoyer à Toulouse une lettre et en recevoir une réponse, et en vingt fois moins de temps.

On excusera peut-être nos législateurs sur la considération suivante : Pressés, harcelés par l'actif Napoléon, ils n'avaient pas le temps de faire de semblables recherches..... mais en avaient-ils besoin pour se rappeler ce dont ils avaient été eux-mêmes les témoins ? pour apprécier, quant aux journaux et quant à la correspondance, la différence de position, des Français de 1788 et des Français de 1804?

Pour les journaux, avant 1789, on pouvait, mais à peine trois fois la semaine, se donner le plaisir d'apprendre par la Gazette de France, les noms, soit des personnes présentées au roi, soit de celles qui avaient eu l'honneur de

sée immédiatement après la réception d'une de ses lettres: *Litteras scripsi hora decima Cerealibus,* STATIM UT TUAS LEGERAM, *sed eas eram daturus ut putaram, postridie ei qui mihi primus obvenisset.*

Voici un exemple de l'exactitude avec laquelle les messagers remettaient les missives à destination : *Facinus indignum! epistolam* αὐθωρεί *tibi à tribus tabernis rescriptam ad suavissimas* EPISTOLAS NEMINEM *reddidisse!* (ad Attic., ij, 13).

suivre sa majesté à la chasse dans ses carrosses, et ce qui plaisait quelquefois un peu moins, les intitulés des édits et arrêts du conseil publiés...; seulement, il est juste de le rappeler, l'institution des journaux judiciaires dans chaque province, à la fin du règne de Louis XV, avait été fort avantageuse pour les intérêts des particuliers, en cas de ventes volontaires, mais uniquement dans ce seul cas (v. *ci-d.*, p 7).

Pour la poste, elle ne parvenait dans plusieurs provinces que trois fois la semaine, et dans beaucoup d'autres, que tous les deux jours, tandis que lors de la rédaction des codes, elle y parvenait quotidiennement, tout comme les journaux étaient infiniment plus nombreux, embrassaient un plus grand nombre de matières, etc., etc.

Il serait fastidieux d'insister davantage sur les différences de positions négligées par les rédacteurs de nos codes lorsqu'ils ont fixé la durée de la prescription.

Mais avant de parler de cette fixation, nous indiquerons d'abord les prescriptions, du moins les plus importantes, où ils ont perfectionné, quant à la même durée, les dispositions de leurs prédécesseurs... D'une part, nous satisferons en ceci à un devoir de justice, et de l'autre, nous prouverons par là, qu'ils reconnaissaient tacitement que l'état de la société avait changé, et que, par conséquent, ils pouvaient se dispenser, dans beaucoup d'autres circonstances, de suivre servilement les traces de leurs prédécesseurs.

Le premier perfectionnement qui s'offre à nous, est relatif au délai de l'appel; car, bien que les temps accordés pour user des voies d'attaque contre les jugemens ou les procédures, ne soient point réglés par la loi civile, au titre des prescriptions, et que des auteurs nomment *déchéance*, et non point *prescription*, l'effet de l'expiration de ces temps, le résultat pour les particuliers, c'est-à-dire la privation d'un droit, d'une faculté, étant absolument le même, nous pouvons en parler ici (v. *d'ailleurs,* arr. cass. 1er mars 1820).

L'ordonnance de 1667 fixait à dix ans le délai de l'appel et au moyen de certains actes permettait de le réduire à trois ans et demi ou quatre ans et demi (*Cours proc.*, p. 466). Ce délai était déjà énorme, et néanmoins dans beaucoup de provinces, par suite de ce penchant malheureux et si naturel à l'homme, d'étendre son pouvoir, les cours supérieures admettaient à l'appel pendant trente années, et s'il s'agissait d'un mineur, le délai n'en courait contre lui qu'à partir de sa majorité (*ibid.*, p. 470).

En 1790, l'assemblée constituante réduisit ce délai à trois mois, et depuis, le Code de procédure a fait courir ce délai contre le mineur à partir de la simple signification du jugement à son tuteur et à son subrogé tuteur (*ibid.*, p. 468).

Voilà, nous l'avouerons avec franchise, un changement dont nous fûmes choqué dans les premiers temps de notre professorat, à une époque où il n'avait pas encore été possible d'apprécier l'effet de ce changement, parce que, privés à-peu-près de journaux judiciaires depuis la suppression des cours supérieures, en 1790, jusqu'à leur remplacement par les cours d'appel, en l'an VIII (1800), nous ne pouvions, comme à présent, voir par les décisions des tribunaux, si la législation nouvelle était bonne ou mauvaise.

Voilà, disions-nous à nos auditeurs, voilà bien l'esprit français! Toujours passer d'un extrême à un autre! Le délai ancien de trente ans pour un appel était sans doute trop considérable, mais en supprimer subitement et d'un trait de plume les cent dix-neuf cent vingtièmes, le réduire à la cent vingtième partie de l'ancien, cela semble passer toutes les bornes des licences permises à des législateurs!

L'expérience et des réflexions plus mûres nous ont fait changer de sentiment; et pour l'observer, puisque l'occasion s'en présente, le sujet de ce mémoire ne s'est pas offert pour la première fois à notre pensée, le jour où nos respectables et savans confrères de la section de législation ont bien voulu agréer l'offre de notre tribut, mais presque dès le commencement de notre professorat, depuis plus de quarante années, nous en avons fait l'objet de nos méditations, toutes les fois que des jugemens publiés dans nos journaux de jurisprudence y avaient quelque rapport.

Voici les réflexions que nous fîmes dans la suite au sujet de la réduction du délai de l'appel à trois mois... Lorsque le Code de procédure a été discuté en 1806, cette réduction avait déjà en sa faveur une expérience de quinze années. Il faut qu'une semblable épreuve ait été bien favorable à cette réduction, puisqu'on l'a maintenue. Sa nouveauté en effet, n'était pas un titre favorable aux yeux de l'empereur, vu son penchant pour les institutions anciennes (v. p. 17), penchant qui devait avoir de l'influence sur plusieurs membres du conseil d'état, comme on s'en aperçoit dans divers changemens apportés par le Code de procédure aux lois nouvelles, et notamment aux lois sur les ventes judiciaires d'immeubles (on travaille depuis environ douze années à modifier ces mêmes changemens. Voy. ci-devant p. 17, à la note).

Nous nous dîmes encore : si le jugement dont le condamné veut interjeter appel est rendu en défaut, et s'il n'avait point d'avoué, il en a néanmoins connu les dispositions avant que les trois mois du délai d'appel aient pu courir, puisqu'ils courent seulement de l'expiration du délai d'opposition, et que ce délai d'opposition s'étend alors pour lui jusqu'à l'exécution du jugement (*Cours proc.*, p. 447, 448).

S'il avait un avoué lorsque ce jugement a été rendu, et à plus forte raison si ce jugement était contradictoire, le condamné en a encore eu connaissance avant le commencement du délai d'appel. Dans l'un et l'autre cas, il n'a pas assurément besoin de plus de trois mois pour examiner ou faire examiner si ce jugement qu'il connaissait, est susceptible d'être réformé par la voie de l'appel.

La conséquence de ces réflexions fortifiées par l'expérience, car nous n'avions ouï parler d'aucune plainte sur la brièveté du délai, ni vu dans les faits des arrêts, aucune circonstance d'où l'on pût induire que ce délai eût été insuffisant (1), cette conséquence fut que sa fixation à trois mois avait été un immense bienfait de l'assemblée constituante. Elle tirait en effet promptement les particuliers de l'incertitude fâcheuse où ils devaient être pendant le délai ancien de trente ans, et qui devait effacer en eux cette *envie d'améliorer leur état* si favorable au corps social, dont nous avons parlé (p. 1, 15 et 23); et si leur adversaire, au bout de ce petit espace de temps, négligeait d'appeler, elle leur procurait, pour les maintenir désormais dans une sécurité profonde, le meilleur, le plus irréfragable des titres, un jugement ayant acquis l'autorité de la chose jugée, c'est-à-dire un jugement inattaquable, tandis qu'un jugement en dernier ressort et un arrêt peuvent être attaqués par la requête civile et la cassation (*Cours proc.*, p. 457, 458).

Une législation nouvelle est venue nous fortifier dans ces idées, en consacrant, comme basée sur l'expérience, la *suffisance* du délai de trois mois, puisqu'elle a jugé qu'elle pouvait le réduire encore. En effet, en 1838, pour les causes peu importantes ou les causes soumises aux tribunaux de paix, lesquelles peuvent toutefois avoir pour objet une valeur au moins de deux cents francs, l'on a réduit ce même délai d'appel à trente jours (*ib.*, p. 893 à 895) : nouveau bienfait dû à nos législateurs actuels, car jadis le délai de trente ans s'appliquait aux causes modiques comme aux causes importantes (*ib.*, p. 457, note 11, et p. 466, note 39).

(1) Aucune disposition de nos lois nouvelles, dit-on dans l'Exposé des motifs (édit. de 1806, p. 55), n'a eu un assentiment plus général.

N'oublions pas non plus d'autres améliorations dues aux rédacteurs du Code de procédure.

La réduction du délai de trente ans à trois mois pour les causes ordinaires, leur a paru trop faible pour beaucoup de jugemens sur des incidens de procédure ; ils ont borné les délais de leurs appels à quinze jours, à dix jours, à huit jours, et même à cinq jours lorsqu'il s'agit de nullités de saisie immobilière, de difficultés sur des distributions du prix des meubles du débiteur, et de récusation des juges (*ibid.*, p. 472); seulement on peut leur reprocher de n'avoir pas fixé, comme le proposait la cour suprême, un délai précis pour l'appel incident (*Indicat. cass.*, 4ᵉ *indicat.*), qu'ils permettent, au contraire, d'interjeter en tout état de cause, c'est-à-dire tant que l'instruction de l'appel principal n'est pas terminée (1).

Les détails dans lesquels nous venons d'entrer sur l'appel, nous dispenseront d'en donner d'autres sur le délai de l'opposition aux jugemens de défaut, réduit par le Code à huit jours dans un cas et à six mois au plus, dans un autre, au lieu des trente ans auxquels l'avait étendu la jurisprudence, contre la disposition formelle de l'ordonnance de 1667 (*Cours proc.*, p. 447); nous aurions à répéter les mêmes raisons.

Nous passerons à une autre innovation non moins importante, à la réduction du délai de la péremption, institution précieuse de procédure, à l'aide de laquelle le défendeur fait anéantir tous les actes du demandeur lorsque celui-ci a discontinué ses poursuites pendant un certain temps (*ibid.*, p. 395 et suiv.). Ce temps variait jadis suivant les provin-

(1) Elle est censée terminée : 1° dans les causes d'audience, à la fin des plaidoiries; 2° dans les causes sujettes à communication au ministère public, lorsqu'il a pris la parole ; 3° dans les causes suivies du rapport d'un juge, lorsque le rapport a été fait. *Voir* au surplus, même cours, p. 199, n° vj et note 44.

ces : dans quelques-unes il était de dix ans; en Dauphiné même, il s'étendait jusqu'à trente ans, et il ne courait pas contre les mineurs (*ib.*, p. 395, 396 et 401). Le Code l'a fixé d'une manière uniforme à trois ans ou à trois ans et demi au plus, et il le fait courir contre toutes espèces de personnes sans distinction (*ib.*, p. 396 et 400).

Cet anéantissement des actes de procédure, qui en met les frais à la charge du demandeur, le force à intenter un nouveau procès pour le même objet, et même peut le priver de la faculté de réclamer cet objet lorsque la prescription s'est accomplie pendant qu'on faisait ces actes, pourra paraître rigoureux. Le demandeur est puni bien sévèrement, pensera-t-on, d'une simple négligence, où l'a conduit peut-être un sentiment d'humanité pour son adversaire. La loi protégerait-elle donc le créancier actif, exigeant, persévérant dans ses réclamations?... Oui, tel est son système.

Le bien de la société a conduit à l'adopter. Il a fait introduire, consacrer et appliquer fréquemment dans les lois anciennes et modernes, l'axiome *vigilantibus non dormientibus jura subveniunt* (*ib.*, p. 149 et 150), axiome dont nous parlerons puisque l'occasion s'en présente, et que d'ailleurs nous serions obligés d'y revenir dans la suite.

Cet axiome paraît avoir été imaginé dès le temps de Marc-Aurèle par un des plus habiles jurisconsultes romains, Quintus Cerbidius Scævola, dont Cujas fait un grand éloge (*Cujas-Venise*, IV, 110; *id. Scott*, I, 1813). Il est fondé sur l'équité et l'expérience.

Sur l'équité..., car pourquoi le créancier qui, comptant sur la fidélité du débiteur à tenir ses promesses, a d'avance disposé de l'emploi des fonds dont il s'attendait à recevoir le remboursement au terme convenu, serait-il forcé de manquer à ses propres engagemens parce que le débiteur a mis de la négligence à remplir les siens?...

Sur l'expérience... Elle montre en effet que les ménagemens du créancier sont presque toujours nuisibles au débiteur... Presque toujours ce dernier s'y habitue en quelque sorte, et loin de redoubler de soins comme il le devrait, il laisse accroître souvent sa dette par l'accumulation des intérêts, et finit par devenir insolvable lorsqu'un peu d'activité aurait pu, suivant une expression vulgaire, le tenir au niveau de ses affaires.

Nous disons au reste et à dessein, *presque toujours*, car il y a sans doute des exceptions à ces remarques, et nous sommes bien loin d'applaudir à la conduite d'un créancier trop rigoureux, surtout envers un débiteur plus malheureux que négligent.

Voilà les principaux motifs qui ont fait admettre l'axiome *jura vigilantibus*, et par là même décider que les procédures d'un demandeur négligent à les continuer, seraient anéanties si le défendeur le réclamait, et il faut ajouter celui-ci : comme en général on est présumé devoir veiller à ses intérêts, la loi doit présumer aussi que celui qui suspend ses poursuites, ne le fait que parce qu'il aura reconnu l'illégitimité de ses prétentions (*Cours proc.*, p. 395).

Ces motifs ont aussi déterminé le législateur à établir des péremptions plus courtes pour certains jugemens ou actes : ainsi, il en a réduit la durée à trois mois pour un commandement de saisie immobilière (*ib.*, p. 631, 632); à quatre mois pour les jugemens interlocutoires des tribunaux de paix (*ib.*, p. 402, note 19); à six pour les jugemens de défaut contre une partie sans avoué (*ib.*, p. 289 et 290); à une année pour les commandemens d'arrestation (*ib.*, p. 701)... Voilà encore des innovations heureuses et fort utiles pour la société ; elles méritent aussi notre reconnaissance pour les rédacteurs des codes français, et nous en aurions bien davantage, si, en surpassant dans cette voie de progrès, leurs devanciers, ils n'eussent pas négligé une institution fort utile de ceux-ci, savoir la *surannation*, ou l'anéantissement de toute espèce d'exécution suspendue pendant une année (*ib.*, p. 573). Le débiteur, en effet, dans l'état actuel de notre droit, peut, hors des hypothèses précédentes, se voir surpris à l'improviste par la reprise d'actes rigoureux, qu'induit en erreur par l'inaction du créancier, il ne s'est pas mis en état de prévenir. (1).

Si nous ne craignions de fatiguer l'attention de nos auditeurs, en insistant sur des matières aussi arides, nous citerions d'autres améliorations utiles à l'ordre social dans les lois relatives aux délais... Bornons-nous à indiquer l'obligation imposée aux créanciers, lorsqu'il s'agit de distribuer entre eux les sommes obtenues à l'aide de saisies mobilières faites contre leur débiteur commun, de former leur demande dans l'espace d'un mois, sous peine d'être déchus du droit de prendre part à la distribution (*ib.*, p. 618 et 619), tandis qu'autrefois, faute de lois précises, ces sortes de procédures se prolongeaient beaucoup, quelquefois pendant plusieurs années, au détriment et des créanciers et du débiteur (*ib.*, p. 614)... Passons aux prescriptions proprement dites, à l'égard desquelles nos lois nous semblent susceptibles de réforme.

Cujas (*id.*, *Scot*, I, 283 à 310), suivi par Dunod (p. 115 à 119), et celui-ci par Merlin (*Répert.*, IX, 552 à 585), entre dans de grands détails sur la durée des prescriptions anciennes; quelques-unes se réduisaient à un certain nombre de jours et même d'heures; d'autres s'étendaient à un grand nombre d'années et même à un siècle.

En matière de procédure et de pénalité, nos législateurs ont aussi adopté des délais se rapprochant de quelques-uns de ceux-là, du moins pour la brièveté, car ils en ont fixé

---

(1) La cour suprême demandait aussi le maintien de la surannation pour les commandemens et saisies non suivis d'instance (v. Obs. prélim. sur le projet du code de proc., art. 104, Sirey, 1809, p. 1 et suiv.

soit par heures, comme ceux de l'affirmation de certains procès-verbaux, et d'une dénonciation de surenchère (*Cours crim.*, p. 140; *Cours proc.*, p. 662); soit par jours, comme ceux déjà cités p. 33, et auxquels on peut joindre les délais d'appel des jugemens de police simple et de police correctionnelle, fixés à dix jours (*Cours crim.*, p. 112, 142 et 149).

Mais pour les droits régis par la loi civile, ils ont suivi un système différent, si ce n'est quant à l'action rédhibitoire où la nature des choses exigeait un fort court terme (neuf jours... *loi du 20 mai 1838, art. 3*).

Pour ces droits, nous avons des prescriptions d'*un mois* et de *deux mois* (action en désaveu d'un enfant... Cod. civ., 316); de *trois mois* (réclamation d'un associé contre un partage... C. c., 1854); de *six mois* (salaire des maîtres, des hôteliers, des gens de travail... C. c., 2271); d'*un an* (rétributions des officiers de santé, des huissiers, marchands, maîtres de pension et domestiques; revendication d'un terrain emporté par un fleuve vers un fonds inférieur; résiliation d'une vente faite à la mesure... C. c., 2272, 559 et 1622); de *deux ans* (taxes des avoués dans les affaires terminées; décharge des pièces confiées à des huissiers; rescision de vente pour lésion... C. c., 2273, 2276 et 1676); de *trois ans* (revendication d'un meuble perdu ou volé... C. c., 2279); de *cinq ans* (taxe des avoués dans les affaires non terminées; intérêts des capitaux; loyers et fermages; arrérages de rentes; pensions alimentaires; décharges des pièces confiées à des avoués ou juges; garantie de la solvabilité du débiteur d'une rente placée dans le lot d'un cohéritier; exercice de la faculté de rachat... C. c., 2273, 2276, 2277, 886 et 1660).

Voilà des espèces de prescriptions que plusieurs personnes appellent des prescriptions courtes... Nous ne les citons point, et bien loin de là, pour les désapprouver, mais pour les comparer aux prescriptions longues, savoir, à celles de dix ans, de vingt ans et de trente ans, dont les prescriptions que nous venons de rappeler seraient immédiatement suivies, si, comme Cujas, Dunod et Merlin, l'on rangeait toutes les prescriptions dans l'ordre de leurs durées respectives.

C'est en effet une chose assez singulière et à laquelle toutefois aucun auteur, à notre connaissance, n'a fait attention, que le législateur, après avoir choisi des temps différant entre eux par de petits intervalles et se succédant en quelque sorte depuis un mois jusqu'à cinq ans, passe tout de suite et sans intermédiaire, à un intervalle double, ou à dix ans ; chose qui était encore plus singulière avant le Code civil, car, si l'on excepte la prescription de dix ans pour les actions en rescision des contrats, dans beaucoup de provinces, comme l'Auvergne, le Bourbonnais, la Bourgogne, la Franche Comté, la Marche, le Nivernais et la Normandie (voy. Dunod, p. 175), on passait immédiatement de la prescription de cinq ans à celle de trente... Ces singularités, au moins, annoncent que les législateurs français se sont dirigés dans cette matière, par un esprit d'imitation, ou peut-être d'après le pur hasard, plutôt que d'après un système reposant sur des bases assises avec réflexion.

La prescription de dix ans a cinq objets : 1° Les actions d'un mineur contre son tuteur pour fait de tutelle ; 2° les actions d'un propriétaire contre un architecte pour vices de grosses constructions; 3° L'effet des inscriptions hypothécaires (*C. civ.* 475, 2270, 2154)... Pour abréger, nous laisserons de côté ces trois prescriptions.

4° L'acquisition d'un immeuble par un possesseur de bonne foi, muni d'un juste titre, c'est-à-dire d'un possesseur qui ignore les vices du titre en vertu duquel il possède (*code civ.* 550, 2265).

5° La rescision des conventions entachées d'erreur, de dol ou de violence, ou passées par des femmes mariées non autorisées, ou par des mineurs ou des interdits ; et cette dernière prescription court seulement du jour, soit de la cessation de la violence ou de la découverte du dol et de l'erreur, soit de celui où le mariage a été dissous, soit de celui où le mineur est devenu majeur, où l'interdit a été relevé (*code civ.* 1304) de son interdiction (1).

Ainsi, le législateur pense que ces contractans, *violentés*, trompés, ou soumis à la puissance d'un mari ou d'un tuteur, ont besoin de dix ans pour reconnaître le préjudice occasioné par leurs contrats et en demander la réparation.

Mais pourquoi dix années plutôt que onze, douze ou quinze ? ou que neuf, sept, ou même cinq ? si nous nous adressions aux rédacteurs du code civil, ils pourraient nous inviter à consulter Louis XIV : il l'a voulu ainsi avant eux. Louis XIV nous renverrait probablement à François Ier dont il est l'imitateur à cet égard ; enfin François Ier s'en référerait sans doute à Louis XII, auteur ou patron du texte-modèle.

Par conséquent, pour connaître les motifs d'une loi faite en 1804, il faut avoir recours à une ordonnance antérieure de trois siècles, et rendue pour un état de société bien différent du nôtre !... et chose peut-être aussi surprenante ! les nombreux jurisconsultes qui ont interprété ou appliqué cette législation, n'ont point fait de remarque sur sa tendance rétrograde, si opposée à l'esprit philosophique, aux vues élevées et aux idées de progrès de plusieurs d'entr'eux.

Mais peut-être nous pressons-nous trop de qualifier cette tendance : lisons d'abord le texte-modèle, l'ordonnance de 1510 (*Rec. gén. lois*, XI, 575 et suiv.).

« Et afin (*ib.*, p. 595, art. 46) que les domaines et pro-
« priétés des choses ne soient incertaines et sans sûreté ès-

(1) A l'égard des individus placés dans un établissement d'aliénés, la prescription court du jour où ils ont eu connaissance de leurs actes après leur sortie définitive (Loi du 30 juin 1838, art. 39).

« mains des possesseurs d'icelles, si longuement qu'ils ont
« été ci-devant et que la preuve des parties ne périsse ou
« soit rendue difficile par laps de temps, ès-cas ci-après
« déclarés... nous avons ordonné... que toutes rescisions...
« fondées sur dol... violence... se prescriront... par dix ans »
(le reste, sauf quelques termes vieillis, a été reproduit suc-
cessivement dans les ordonnances de François Ier et de
Louis XIV, et enfin dans l'article 1304 du code civil).

On le pressent : Louis XII, ou plutôt son chancelier Gannay, était aussi un imitateur. L'acquisition des immeubles par usucapion s'opérant à Rome du moins sous Justinien, au bout de dix années entre présens, il lui parut naturel d'adopter pour cette rescision des contrats, qui tendait, dit-il, à troubler les possesseurs d'immeubles, le même espace de temps qui leur était nécessaire pour en acquérir la propriété lorsqu'ils avaient titre et bonne foi. Cette imitation d'ailleurs, doit peu étonner lorsqu'on pense qu'alors la principale étude pour presque tout le monde, était le droit romain, (Disc. sur l'enseignem. du droit, par *B. S*, 1838, p. 11 et suivant.).

Il faudrait donc connaître aussi les motifs de la fixation à dix années, du temps exigé pour acquérir à Rome un immeuble par usucapion, et voilà précisément ce qui n'est pas aisé.

D'après la loi des douze tables (1) il suffisait de deux ans pour les immeubles situés en Italie, tandis que la possession la plus longue ne pouvait procurer cet avantage pour les immeubles situés dans les provinces. Elle fournissait seulement, lorsqu'elle s'étendait à dix années entre présens et à vingt entre absens, une exception à l'aide de la-

(1) Gaïus, instit. ij, 42 (Justinien en confondant la prescription avec l'usucapion, préféra le délai de dix ans, comme moins préjudiciable aux véritables propriétaires); *ne domini maturius suis rebus defrauden-tur* (Instit., pr., de usucapionib.).

quelle le possesseur repoussait le propriétaire qui exerçait contre lui l'action civile appelée Revendication.

On s'explique facilement pourquoi l'usucapion établie dans le principe pour le sol italique, n'avait pas été étendue aux immeubles provinciaux ; c'est que l'empereur et le peuple s'en étaient réservé la propriété ; les particuliers en avaient seulement, nous dit Gaïus (ij, 7 et 21), la possession et l'usufruit. Cette possession était protégée par des institutions analogues à celles qui protégeaient la propriété italienne et qui paraissent pour la plupart avoir été créées par le droit prétorien. Ainsi, il est probable, en premier lieu, que le particulier dépossédé d'un fonds provincial pouvait le réclamer de même que le propriétaire d'un immeuble situé en Italie pouvait se le faire restituer par la revendication. En second lieu, que comme le possesseur d'un fonds italique pouvait par l'usucapion se mettre à l'abri de la revendication de l'ancien propriétaire, de même le détenteur d'un immeuble situé en province pouvait écarter les prétentions de l'ancien maître, au moyen de l'exception dite *prescriptio longi temporis*.

Mais pourquoi le préteur n'accordait-il le bénéfice de cette exception qu'à une possession de dix ou vingt ans, tandis que la loi décemvirale se contentait d'une détention de deux années pour effectuer la transmission de la propriété ? Faut-il en chercher le motif dans la réserve naturelle à un magistrat qui empiète sur la puissance législative ? On pourrait, ce nous semble, trouver une explication plausible de cette augmentation considérable du délai de la prescription, dans la position des familles puissantes de Rome, dans lesquelles les fonctions de préteurs furent presque toujours concentrées (1), ou qui pouvaient exercer de

---

(1) Elles le furent d'abord exclusivement dans les familles patriciennes, et lorsque les plébéiens obtinrent d'être admis à cette charge (voy.

l'influence sur ces magistrats... Leurs fortunes, grâce, soit au pillage des habitans des pays conquis, soit aux extorsions ou usures commises sur ceux du *sol romain*, soit à l'emploi habilement ménagé et au commerce des esclaves (1), de ces sortes de bêtes de somme, dont Caton le censeur (p. 8), lorsqu'elles sont âgées ou infirmes, conseille naïvement de se défaire ainsi que des meubles vieux ou usés (*vendat pater familias Boves vetulos... ferramenta vetera... servum senem, servum morbosum*); leurs fortunes, disons-nous, étaient devenues colossales, et comme elles s'étendaient dans toutes les parties du monde romain, il leur devenait bien difficile de les surveiller. On conçoit alors que ces familles durent demander un espace de temps considérable pour se mettre à l'abri des usurpations.

Une indication approximative de la somme à laquelle s'éleverait aujourd'hui la fortune de quelques-uns des personnages puissans du dernier siècle de la république et du premier de l'empire, c'est-à-dire du temps à-peu-près où le droit prétorien prit de la consistance (2), suffira pour rendre notre conjecture fort plausible.

Rollin, Hist. rom., *Dissertat.* à la suite du tome II, p. 585), on n'y appela aussi que des hommes puissans, comme on l'avait déjà fait pour les autres grandes charges. Par exemple, le premier plébéien, nommé préteur, Q. Publilius Philo, avait déjà été consul et même dictateur (*id.*, t. III, liv. 8, § 3, année 418).

(1) Les grands de Rome les faisaient instruire avec un soin extrême pour tirer parti de leurs connaissances et de leurs talens. Crassus en possédait de toutes sortes de professions, et entre autres jusqu'à cinq cents, soit architectes, soit charpentiers, soit maçons, pour reconstruire les maisons incendiées, ou tombant en ruine. Voyez *Plutarque*, vie de Crassus, traduct. de Dacier, édit. de 1778, tom. VI, p. 3 et 4. — V. aussi M. *Creuzer*, Acad. inscript., XIV (1840), 28 et suiv.

(2) V. Hist. dr. romain, sect. 1, ch. 3, p. 61 et suiv. — Le droit prétorien prit en effet de la consistance à partir de la loi qui força les

1. Titus Annius Milon, l'antagoniste du fougueux Clo‑ dius... Quinze millions (*Peignot*. v. append. K, à ce nom).

2. Demetrius, affranchi de Pompée, et le gastronome Apicius... Dix-neuf millions.

3. Le comédien Roscius, l'orateur Hortensius, le concus‑ sionnaire Verrès, et Pline le jeune... Vingt millions.

4. L'immortel Cicéron... Vingt-cinq millions.

5. Caïus Claudius Isidore... Environ trente millions.

6. Pallas, affranchi de Claude... Trente-six millions.

7. Calliste, *idem*... Quarante millions.

8. Narcisse, *idem*... Cinquante millions.

9. Publius Crassus, l'historien Salluste, et Sénèque (l'au‑ teur du traité du *Mépris des richesses*)... Soixante millions.

10. Emilius Scaurus, et Lucius Cornelius Lentulus..., quatre-vingts millions.

11. Marcus Lucullus et le triumvir Marc-Antoine.... Cent vingt millions.

12. Le dictateur Sylla... Cent cinquante millions.

Comme les domaines qui formaient une partie de ces for‑ tunes monstrueuses étaient répandus dans tout l'empire, dans toutes les provinces, soit de l'orient, soit de l'occident, nous dit Ammien Marcellin (1), on conçoit, nous le répétons, combien la surveillance en était difficile, et par conséquent aussi, que les hommes puissans durent engager les préteurs à étendre la durée de la prescription qui les protégeait.. ceux-ci quintuplèrent le temps de l'usucapion et portèrent

---

préteurs à se tenir aux édits qu'ils avaient publiés en entrant en fonctions (*ib.*, p. 64). Or, cette loi fut publiée l'an 686, ou 34 ans avant la ba‑ taille d'Actium (*ib.*, p. 336), qui donna de fait l'empire à Auguste.

(1) C'est ainsi que Gibbon (Hist., etc., IX, 196.. V. append. K, à ce nom) interprète les expressions suivantes d'Ammien (XIV, 5; édit. 1591, p. 14): *patrimonia sua in immensum tollunt... quæ à primo ad ultimum solem se abundè jactitant possidere*...lesquelles en effet ne sont guère sus‑ ceptibles d'un autre sens (V. d'ailleurs, cet append. K).

à dix années celui de la prescription, pour les individus présens (L. 12, C. præser. longi temp.) ou habitans la même province, et à vingt années pour les absens, c'est-à-dire habitans dans des provinces différentes. Or, cette dernière règle, et ceci donne un nouveau poids à notre conjecture, était toute dans l'intérêt des citoyens romains opulens.

En effet, ils étaient, dans le sens légal, toujours absens par rapport aux habitans voisins de leurs fonds situés dans les provinces. Ils résidaient tous à Rome dans ces palais étincelans d'or et d'argent, revêtus de marbre, ornés à profusion de statues et de toutes sortes d'objets d'art les plus précieux (1), et occupant un terrain qui aurait suffi à plus d'un village (2), sauf des séjours passagers dans ces *villa* non moins brillantes et somptueuses (3), des environs de Rome et de Naples (v. *append*. G).

En admettant que notre conjecture sur l'origine de la fixation à dix ans entre présens et à vingt ans entre absens, de la prescription *longi temporis*, ne soit pas fondée, il resterait toujours, pour justifier jusqu'à un certain point, la première fixation, l'immense étendue des provinces de l'empire, dans chacune desquelles on eût placé le ressort de plusieurs de nos cours royales, car chez nous, on est présent lors-

(1) Bergier, p. 307; Bridault, p. 142; Darnay, p. 248; surtout M. Peignot, p. 24 et suiv. (on indique dans ces divers ouvrages, des autorités irrécusables à l'appui de l'assertion ci-dessus).

(2) Auguste se habitare nunc putat, cujus domus tantum patet, quantum Cincinnati rura patuerunt (*Valère-Maxime*, lib. 4, cap. 4, n. 6).

(3) Le prix qu'on attachait à ces *villas* et à leurs jardins, et les soins qu'on apportait dans leurs dispositions et leurs embellissemens, ressortent surtout du discours élégant où Sénèque demanda à Néron sa retraite, et de la réponse éloquente par laquelle ce monstre couronné le refusa. *Voir* Tacite, Annal., lib. 14, cap. 53 à 56, édition de Juste-Lipse, 1606, p. 333), et Diderot, Essai sur la vie de Sénèque, in-12, 1789, p. 166 à 171. — Voir aussi Bridault, tom. 2, p. 144.

qu'on habite le ressort de la même cour où l'immeuble en litige est situé (1),... et pour justifier aussi en partie la seconde, l'espace encore plus grand qui pouvait séparer deux provinces, c'est-à-dire douze à quatorze cents lieues (v. p. 25), au lieu de cent cinquante (2).

Et encore ne parlons-nous point de la facilité des communications de tout genre entre les particuliers, mille fois plus grande peut-être de nos jours, si l'on prend en considération, soit ce que nous avons déjà observé relativement à la poste, aux voitures publiques, aux journaux, etc. etc. (page 26..); soit l'institution de ces facteurs ruraux, au moyen desquels et avec une dépense de dix centimes, un pauvre cultivateur, un simple manœuvre habitant un petit village situé au sommet d'une haute montagne, reçoit ses lettres à sa demeure, aussitôt, ou à peine un jour plus tard que l'habitant d'une grande ville, tandis que autrefois, elles

(1) D'après Bergier (p. 329), la Gaule avait dix-sept provinces; mais, d'une part, elle était beaucoup plus étendue (elle était limitée au nord par le cours du Rhin jusqu'à son embouchure) que la France actuelle, et de l'autre, plusieurs de nos cours royales (par exemple, Metz, Nancy, Montpellier) ont un ressort moins vaste que celui de plusieurs autres (Paris, par exemple)... de sorte que, dans le fait, chacune des provinces anciennes équivalait au territoire au moins de trois des cours royales de la première espèce.

(2) C'est en effet à-peu-près l'espace qui sépare le territoire des deux cours les plus éloignées l'une de l'autre (Montpellier et Douai).

Le cour de Lyon (article cité p. 25, note 1) réclamait aussi avec force contre le doublement de l'espace de temps accordé pour la prescription envers ceux qu'on nomme *absens*. Elle voulait qu'on ne l'admit qu'à l'égard des individus domiciliés hors du territoire de la France. Il en fut de même des cours de Paris et de Toulouse (*Obs. tribun.*, p. 919 et 922; *Fenet*, v, 288 et 268), avec cette différence importante, qu'en réclamant un délai uniforme pour les présens comme pour les absens, elles le portaient, savoir : la première, à quinze ans, et la seconde, à vingt ans.

pouvaient à son insu, rester bien long-temps au bureau d'arrivée.

Nous ne parlons point non plus des inventions du XIXᵉ siècle qui ont accru cette facilité, comme ces bateaux à vapeur et ces locomotives des chemins de fer, à l'aide desquelles, même en les supposant moins rapides que M. Arago ne l'a fait (1), un plaideur de Paris, d'ici à peu d'années, pourra dans le même jour et sans avoir besoin de découcher, aller assister à cent lieues de distance, à Colmar, par exemple, à Lyon, à Riom, à Limoges, à Rennes, aux débats et au jugement de son procès (v. *append.* H)... Il serait injuste d'en tirer avantage contre les rédacteurs de nos codes, qui ne pouvaient pas plus que nous, prévoir ces inventions miraculeuses; mais elles nous fournissent un nouveau motif d'insister auprès des législateurs actuels pour la réforme de dispositions empruntées aux règles d'une société fort ancienne, et tout-à-fait contraire aux intérêts des sociétés modernes, en un mot à réduire et de beaucoup, ces prescriptions et de dix et de vingt années.

Passons à la prescription suivante, à la prescription trentenaire ou de trente ans. Nous avons déjà exposé (p. 25 et suiv.), par occasion, les motifs par lesquels elle pouvait se justifier pour le monde romain et au contraire être critiquée pour la France. Il faut les compléter ici.

(1) Rapport à la Chambre des députés, séance du 24 avril 1838 (feuilleton du *Temps* du 28). On a pu, y dit-il, « parler de l'époque où les riches oisifs, dont Paris fourmille, partiront le matin de bonne heure pour aller voir appareiller notre escadre à Toulon, déjeuneront à Marseille, visiteront les établissemens thermaux des Pyrénées, dîneront à Bordeaux, et avant que les vingt quatre heures soient révolues, reviendront à Paris pour ne pas manquer le bal de l'Opéra. » (N. B. Ceci est dans son éloge historique de Watt, lu à l'Académie des sciences, le 8 décembre 1834, et inséré dans l'annuaire des longitudes, 1838, p. 343, et dans les mémoires de cette Académie, t. 17, p. cxxxv).

Nous disons les *compléter*, bien que nous n'admettions pas avec Dunod et ses imitateurs (v. p. 24, 25) que l'inventeur de cette prescription soit Théodose-le-grand et que la domination du véritable inventeur, c'est-à-dire, comme Jacques Godefroy (1) l'a démontré, Théodose-le-jeune, fût en réalité bien moins étendue que celle de son aïeul... En voici la raison : l'empire romain, quoique divisé en deux parties, était toujours censé légalement former un seul tout. Les lois d'un des Augustes, soit de l'une, soit de l'autre partie, étaient toujours portées au nom de tous les deux, comme on peut le voir dans les rubriques soit du code Théodosien, soit du code Justinien (2). Ainsi les motifs de l'introduction de la loi sur la prescription trentenaire, en la supposant faite par Théodose premier, sont applicables à la même loi, en l'attribuant à Théodose-le-jeune.

Ils le sont même davantage, si l'on peut parler ainsi, parce que une grande partie de l'empire étant beaucoup plus troublée par les invasions des barbares sous Théodose-le-jeune que sous son aïeul, il était raisonnable d'accorder un temps plus considérable aux propriétaires, pour leurs réclamations contre les usurpateurs de leurs fonds situés dans des provinces éloignées et séparées de celles de leurs domiciles, par les provinces envahies.

(1) Codex Theodosianus, édit. de 1665, tome 1, p. 384 à 387.

Comment Dunod et ses imitateurs, surtout ceux qui font usage des documents de l'histoire dans leurs traités judiciaires ou légaux, ont-ils négligé de consulter Jacques Godefroy, le jurisconsulte le plus profondément instruit dans cette partie de la littérature ?

(2) Au reste, l'empereur d'Occident, Valentinien III, rappela, et confirma bientôt (en 449) pour ses états, la loi de Théodose-le-jeune (elle est de 424) sur la prescription (v. *Jac. Godefroi*, sup., p. 384 à 386); et il fut imité dans le siècle suivant (vers 560) par Clotaire 1er, lorsque ce fils de Clovis fut devenu maître de toute la France (*Baluze*, Capitularia reg. Francor., edit. de Chiniac, 1780, p. 9, art. xiij).

D'après le code civil (art. 2262) la prescription trentenaire éteint toutes sortes d'actions, soit personnelles, soit réelles.

Disons d'abord un mot des actions réelles. La prescription trentenaire les éteindra pour un possesseur sans titre et sans bonne foi, car il suffit au possseseur avec titre et bonne foi de dix ans pour acquérir la propriété (*id.*, 2265).

On le pressent : puisque nous avons trouvé beaucoup trop long ce dernier intervalle, nous ne pouvons admettre la nécessité du premier.

Il est inutile de reproduire ici nos observations sur le préjudice grave causé à la société par ces longues prescriptions; il nous suffira d'en présenter une autre, savoir que la nécessité du laps de trente ans pour l'acquisition par une possession non appuyée de titre et de bonne foi, n'est nullement justifiée par l'expérience. D'une part, ce laps de temps n'était point exigé à Rome avant le règne de Théodose-le-jeune, c'est-à-dire avant le milieu du cinquième siècle de notre ère (Godefroy, sup., p. 386), et avant le treizième à partir de la fondation de Rome ; de l'autre, plusieurs provinces et des plus riches et des mieux cultivées de la France, comme les provinces régies par les coutumes du Cambrésis, de Valenciennes, de Ponthieu, d'Artois, de Douai, d'Orchies et du Boulonnais se contentaient d'un laps de vingt ans (*Répert.* IX, 580)... et l'on peut à-peu-près leur assimiler trois autres provinces de même genre, où l'on se contentait d'un laps de temps fort rapproché de celui-là, savoir les provinces soumises aux coutumes de Metz, d'Epinal et de Hainaut, puisque dans ces deux dernières il suffisait de vingt-et-un ans, et dans la première de vingt ans et vingt jours. Enfin, dans l'état le plus riche du monde, dans celui où l'on connaît le mieux les règles utiles à l'état matériel de la société, si l'on peut parler ainsi, et où les propriétés territoriales appartiennent à un petit nombre de familles puissantes, dont l'intérêt serait, par conséquent, comme jadis celui des patriciens romains, de ne se voir exposées à être dépouillées par les possesseurs, qu'au bout d'un fort long espace de temps, et auxquelles il eût été facile de faire établir des règles favorables à cet intérêt, car elles exercent au moins autant d'influence sur les auteurs de leurs lois, que les patriciens sur les préteurs... dans la Grande-Bretagne en un mot, on s'est aussi contenté d'un laps de vingt ans. (1)

Passons aux actions personnelles, ou aux actions par lesquelles on contraint un débiteur à remplir ses engagemens.

Elles furent imprescriptibles à Rome, sous la république et pendant les premiers siècles de l'empire. Dunod (p. 195) nous en donne naïvement la raison suivante. On ne concevait pas, selon lui, comment un débiteur aurait pu de bonne foi prescrire contre son propre fait et contre sa promesse.

Pour nous, lorsque nous pensons à la position sociale des premiers auteurs des lois romaines, nous concevons très bien comment ils ne jugèrent pas à propos d'autoriser la prescription des dettes. C'étaient des patriciens (2); les capitalistes prêteurs appartenaient presque tous à cette caste, et un grand nombre d'entr'eux étaient de véritables usuriers (*Rollin*, III, préf., art. 3), se croyant fort généreux lorsqu'ils se contentaient du plus petit intérêt, ou de douze pour cent (*ib.*, an 398), car quelques-uns allaient jusqu'à vingt-cinq et même à trente-trois pour cent (*Calvin*, p. 960 et 961).

Nous concevons encore que lorsque cette caste eut perdu

---

(1) Règles du droit anglais, ou analyse raisonnée des commentaires de Blackstone, par M. Daligny, avocat à Angers, in-8 (sans date, mais de 1813, d'après M Quérard, ij, 372), tit. 2, chap. 4, p. 97.

(2) Voir notre Hist. du dr. romain, chapit. des édits des préteurs et des réponses des jurisconsultes (ceux-ci étaient dans le principe, des patriciens, et, dans tous les temps, furent des personnages considérables appelés aux premiers emplois), p. 61 et suiv., 72 et suiv.

de sa puissance, à mesure qu'on s'éloignait des temps de la république et que le despotisme des empereurs se consolidait, ces monarques durent être portés à introduire la prescription des créances, surtout à l'aspect des souffrances des débiteurs dont ils pouvaient craindre que l'excès ne conduisît à quelques-unes de ces crises violentes auxquelles il avait donné lieu dans les premiers siècles de Rome (*Rollin*, ans 256, 260, 261, 408, 464, 465, etc.)... Par exemple, si l'on s'en rapporte à Dion Cassius (1), le contempteur des richesses, Sénèque, ce pauvre homme chargé d'une fortune de soixante millions, faillit exciter un soulèvement en Bretagne par la rigueur qu'il mit à exiger sept à huit millions qui lui étaient dus par divers habitans de cette province.

Mais en tempérant ainsi les droits des classes puissantes, le législateur dut encore céder en quelques points à leur ascendant; il pensa sans doute avoir assez accordé à la classe des débiteurs, en introduisant la prescription, et il fut naturellement porté à exiger un laps de temps plus considérable que pour l'acquisition de la propriété, surtout celle-ci étant aidée de la possession. Voilà encore comment nous nous expliquerions la fixation de ce temps à un intervalle aussi long que trente années, d'autant plus qu'on put encore dans ce cas, prendre en considération l'extrême éloignement où pouvaient se trouver les demeures des créanciers, des demeures des débiteurs, la difficulté des communications et autres circonstances déjà énoncées (p. 25 et s.).

Les législateurs français ont-ils eu de semblables motifs pour consacrer un délai de prescription si considérable et si préjudiciable à la société? En aucune manière. Les rai-

(1) Nous disons si l'on s'en rapporte à Dion Cassius, car cet historien paraît avoir pris à tâche de décrier Sénèque (v. *Diderot*, Essai sur la vie de Sénèque, 1789, p. 192 et s.). Il est toutefois bien difficile qu'il n'y ait pas un fond de vérité dans son récit (v. aussi *Gibbon*, IX, 189).

sons déjà exposées pour les actions réelles s'appliquent *à fortiori* aux personnelles (1). Il est inutile de les reproduire si ce n'est, vu leur importance, celles qui sont fondées sur l'expérience. Par exemple, d'une part, presque toutes les coutumes françaises déjà citées (p. 48), se contentent de vingt ans; et de l'autre, la législation du pays où l'on est le plus intéressé à rechercher les meilleures règles pour le recouvrement des capitaux, la législation anglaise enfin, est encore moins rigide. Si l'on excepte un petit nombre de créances comme celles établies par des actes authentiques, les actions personnelles s'y prescrivent par six années, c'est-à-dire par un laps de temps cinq fois moins considérable que le nôtre (*Blackstone*, IV, 515, 516).

Il y a, il est vrai, parmi nous (v. p. 37) des prescriptions courtes applicables à plusieurs sortes de créances, et inférieures dans divers points à la prescription anglaise, puisque les plus considérables sont de cinq ans.

Mais ce ne sont là, par malheur, que des exceptions. La règle générale est pour la prescription trentenaire, de sorte que si le législateur a oublié, comme cela est arrivé souvent, de fixer le délai précis pendant lequel une réclamation devrait être exercée, on aura le droit de la faire pendant trente ans, bien que, par analogie, on pût attribuer au législateur une intention toute différente (2).

Nous pourrions en citer plusieurs exemples: bornons-nous à ceux-ci:

(1) La cour de Lyon, on l'a dit (p. 25) avait réclamé avec force contre la prescription de trente ans. Il en fut de même de la cour de Rennes (*Obs. tribun.*, p. 920; *Fenet*, v, 407); mais par une singularité inexplicable, en proposant de réduire la prescription des actions personnelles à vingt ans, elle voulait porter à trente, celle des actions réelles.

(2) Ou même que le législateur, à l'exemple duquel il a accordé une certaine faculté, en limitât l'exercice à un temps fort court... (voir *Append.* I).

En premier lieu, la loi du 11 frimaire an VII, sur l'enregistrement, fixe à deux, trois ou cinq ans au plus, le temps accordé à la régie pour réclamer soit les droits, soit les amendes dues, à raison de l'inobservation des temps, de l'inexactitude des déclarations, etc.

N'est-il pas de toute évidence que le législateur voulait établir une règle applicable à toutes les perceptions de même nature confiées à la régie? Eh bien! par cela seul qu'il ne s'en était pas expliqué pour les amendes nombreuses prononcées contre les notaires par la loi du notariat (Art. 12, 13, 16, 23, 57), comme pour des blancs laissés mal-à-propos dans leurs actes, des omissions de spécifier les radiations de mots..., la cour de cassation décida et dut décider qu'elles n'étaient assujetties qu'à la prescription commune, c'est-à-dire à trente ans, et cette jurisprudence a été maintenue pendant près d'un quart de siècle (*arr. cassat.*, 5 déc. 1821 et 24 juin 1822), jusqu'en 1824, où une loi (16 juin) réduisit à deux ans la prescription des amendes.

Bien plus, cette même loi de 1824 n'ayant parlé que des amendes, la cour suprême vient de juger que la prescription trentenaire est encore la seule applicable aux droits simples des actes non présentés à l'enregistrement (1).

En deuxième lieu, les tiers, ou les individus qui n'ont point été parties ou appelés dans un procès, ont le droit d'en attaquer le jugement lorsqu'il leur cause un préjudice, par la voie dite de *tierce opposition (Cours proc.*, p. 494 à 496). Vous vous le rappelez : le délai d'appel est fixé à trois mois à partir de la signification du jugement au condamné, et ce délai a paru tellement suffire qu'on l'a étendu aux délais de requête civile et de cassation (*ib.*, p. 513 et 538);

---

(1) 17 février 1840, Bull. civ., p. 89 (attendu, y est-il dit, p. 92, que dans le silence de la loi spéciale, la seule prescription admissible est celle fixée pour toutes les actions par l'article 2262 du code civil).

il n'y avait guère de raison pour en accorder un beaucoup plus considérable aux tiers-opposans, en le faisant courir bien entendu, du jour où ils auraient eu une connaissance certaine du jugement. Le législateur paraît l'avoir senti ; car dans les deux hypothèses où il a déterminé un délai pour cette voie, il l'a fixé (*Code proc.*, 872, 873 ; *Code com.*, 580) à une année (cas de séparation de biens) et à un mois (cas de certains jugemens de faillites).

Par malheur, il a gardé le silence pour toute autre hypothèse, et nous voilà rejetés, pour la plupart des causes qui intéressent des tiers, dans ce délai funeste de trente ans, et nous avons déjà des exemples de tierces-oppositions admises après vingt ans (*Cours proc.*, p. 501).

Même réflexion pour le *désaveu*, ou action dirigée contre un officier ministériel, tel qu'un avoué, pour le faire condamner à indemniser son client, du préjudice causé par des actes faits sans pouvoir spécial, action qui peut entraîner la ruine de l'avoué (1), et dont l'effet est surtout fâcheux lorsqu'il est décédé, car ses héritiers qu'on affranchissait autrefois de cette action et qui y sont aujourd'hui soumis, peut-être par une inadvertance du législateur (*ib.*, p. 393, note 12) sont souvent, dans leur ignorance des faits, hors d'état de se défendre contre les réclamations des plaideurs.

Nous avons établi par les remarques précédentes, nous le pensons du moins, que les rédacteurs de nos codes n'avaient eu aucun motif raisonnable pour adopter et surtout étendre les longues prescriptions du droit romain, et qu'ils ont par là causé de graves préjudices à notre corps social moderne ; celles que nous allons faire sur la suspension de la prescription seront du même genre, et achèveront d'ailleurs, de démontrer la justesse des précédentes.

---

(1) Et cependant les prescriptions relatives aux avoués ne sont, on l'a vu (p. 37), que de deux ans et de cinq ans.

ARTICLE 2.

De la suspension de la prescription.

La prescription ne court pas, c'est-à-dire est en suspens d'après le code, à l'égard des mineurs, des interdits, et des femmes mariées dans quelques cas, par exemple lorsqu'il s'agit de l'aliénation de leur immeuble dotal (*code civ.*, 2252 et 2255).

Arrêtons-nous, pour abréger, aux deux premières espèces de privilégiés quant à la prescription, c'est-à-dire aux mineurs et aux interdits. Leur prérogative n'est pas absolue : la plupart des courtes prescriptions dont nous avons parlé, courent contre eux, sauf leur recours contre leurs tuteurs, et il en est de même du délai de l'appel (*art.* 2278, 1663 et 1676; ci-dev. p. 30); ce sont seulement les prescriptions longues dont le cours est suspendu en leur faveur, c'est-à-dire précisément les prescriptions les plus nuisibles à l'ordre social.

Donnons-en des exemples.

Un créancier meurt au moment où sa créance est exigible, par hypothèse, en 1810, laissant pour héritier, un enfant d'une année; voilà la prescription suspendue jusques à la majorité de cet enfant. Elle se serait accomplie en 1840 : eh bien, elle sera prorogée jusqu'en 1860.... Et si cet enfant se marie, comme il le peut, à dix-huit ans, et s'il meurt en minorité, c'est-à-dire à 19 ou 20 ans, laissant aussi un enfant au berceau, la prescription sera prorogée jusqu'en 1880, et aura ainsi duré 70 ans.

Nous verrons tout-à-l'heure que ces suppositions ne sont pas de pures chimères.

Un majeur, âgé de 22 ans, est interdit vers la même époque, en 1810. Il était créancier et la prescription de sa créance devant s'accomplir vers 1811 : la voilà prorogée pour toute la durée de sa vie s'il reste en état d'interdiction, et comme il peut bien vivre encore pendant 40 ans, voilà le débiteur qui pouvait espérer d'être libéré au bout d'une année, grâce au silence de son créancier pendant les 29 années antérieures, obligé d'attendre encore 40 ans : en un mot, la prescription se sera étendue pour lui à 69 ans.

Des exemples de même genre pourraient se donner pour les actions réelles. Ainsi, au bout de 19 ans, un possesseur avec titre et bonne foi, d'un fonds, est au moment devoir sa détention, changée en propriété. Il se dispose à améliorer le fonds, à y construire des édifices ; mais dans le même temps, celui qui a des prétentions à la propriété, et qui est domicilié dans le ressort d'une cour royale différente, meurt, laissant un enfant au berceau. La prescription est aussitôt prorogée d'une vingtaine d'années.... Et le possesseur, s'il est prudent, se gardera bien de construire des édifices, car tout ce qu'il pourrait espérer en cas d'éviction, ce serait le remboursement, ou de la valeur dont ils ont accru celle du sol, et il est possible que par le temps ou les circonstances, elle se soit réduite à peu de chose, ou simplement de la valeur des matériaux et de la main d'œuvre (*C. civ.* 555).

Peut-on concevoir un système plus préjudiciable à la société ?

Nous trouvons encore ici, une imitation et une imitation fort inexacte, d'une législation ancienne faite pour un état social tout différent; la législation romaine du temps de l'empire. Nous disons une imitation fort inexacte, car, d'après cette législation, la prescription était bien suspendue en faveur des pupilles (1), mais non pas en faveur des insensés (la loi de Théodose, citée p. 47, ne les nomme pas), et elle ne l'était en faveur des mineurs, qu'à l'égard des prescriptions inférieures à 30 ans (v. *Cujas-Scot,* iij, 936). Ainsi,

---

(1) V. l. 3, C. præscr. 30 vel 40 ann.; Dunod, p. 62. — Quant au droit français ancien, suivant la cour de Lyon (*Fenet,* iv, 618), plusieurs coutumes n'admettaient point la suspension en faveur des pupilles.

d'une part, pour la prescription trentenaire, c'est-à-dire la prescription ordinaire en France (v. p. 51), nos lois étendent la suspension, pour les femmes, à 9 ans de plus, et pour les hommes, à 7 (ils sortaient de pupillarité à 14 ans, et les femmes à 12)... et de l'autre, elles l'étendent à l'égard des insensés interdits, jusqu'au moment où ils seront décédés, ou bien auront recouvré la raison.

Selon Dunod (p. 62 et 63), il est vrai, le parlement de Toulouse avait déjà fait cette dernière et déplorable extension.. Mais, en 1er lieu, la jurisprudence du parlement de Toulouse n'était pas fixée sur ce point, comme on pourrait l'induire de ces expressions de Dunod : *on le juge de la sorte au parlement de Toulouse*, car Catelan auquel il s'en réfère, ne cite (ij, 495) qu'un seul arrêt ; en second lieu, cet arrêt unique est du XVIIe siècle (1657), temps où la science sociale était dans l'enfance ; en troisième lieu, d'anciens jurisconsultes de grand mérite, comme Bretonnier (ij, 364) et Dunod lui-même, bien que plus touchés, comme la plupart des gens de la loi, des intérêts des personnes que de ceux de la société, critiquaient fortement cette jurisprudence. Elle était, observaient-ils, opposée au texte de la loi, où l'on ne voit de suspension établie qu'au profit du seul pupille, suspension peu préjudiciable, à raison de la courte durée de la pupillarité, et il y avait, ajoutaient-ils, de graves inconvéniens pour la société, à l'accorder aux interdits, vu l'incertitude du temps pendant lequel durerait la démence.

Ces observations avaient frappé le tribunal auguste dont l'établissement n'est pas un des moindres bienfaits de la révolution française, et il leur avait même donné une extension très avantageuse au corps social, en les appliquant aux pupilles. « Quelque favorables, disait la cour de cassation « (*Observ. tribun.*, p. 903) que soient les mineurs et les in- « terdits, pourquoi leurs actions auraient-elles une plus « longue durée au préjudice de la société entière ?... Ils ont,

« ajoutait-elle, des administrateurs : ils auront contre eux
« un recours en cas de négligence. »

Rien de plus judicieux que ces remarques, et nous avons vu avec une grande satisfaction la cour suprême s'écarter, dans cette circonstance, du système adopté en général par les gens de loi, d'apprécier l'intérêt des personnes, abstraction faite de l'utilité publique.

C'est en effet une chose assez notable, que de vingt-neuf cours d'appel (1), auxquelles le projet de Code civil avait été communiqué, trois seulement, celles de Montpellier, de Nîmes et de Nancy (2) aient donné quelque attention à l'article où l'on établissait la suspension de prescription en faveur des mineurs et des interdits... Encore les deux premières se bornent-elles à y proposer d'assez légères modifications. La cour de Montpellier, en effet, tout en demandant l'application stricte de la loi de Théodose, c'est-à-dire que la suspension soit restreinte aux causes des pupilles, veut qu'un mineur, s'il le réclame dans les dix ans de sa majorité, obtienne une restitution pour le temps qui a couru pendant sa minorité..., et la cour de Nîmes se borne à demander que, dans le cas où la prescription aura commencé à courir contre un majeur, la suspension en faveur de son héritier mineur, n'ait lieu que pendant le temps qui restait à courir pour compléter la prescription.

La cour de Nancy, au contraire, se joint à la cour de cassation. Celle-ci avait observé, en propres termes, que « des

---

(1) Nous les nommons ainsi pour éviter de la confusion : les tribunaux d'appel ne reçurent le nom de *Cours*, que deux ou trois ans (*Sénatus-cons.* 28 flor. xij, art. 136) après les Observations dont nous donnons plusieurs extraits ou fragmens.

(2) Observ. tribun., p. 000 et suiv ; Fenet, IV, 466 et 618, et v, 40.
— La cour de Lyon même, dont on a cité (p. 25) les observations judicieuses contre les longues prescriptions, n'a rien dit sur la suspension.

« prescriptions avaient duré quarante, soixante et quatre-
« vingts années, à cause de minorités successives, et cela à
« l'insu des possesseurs des biens réclamés..., mal, ajoutait-
« elle, mal vraiment intolérable et qu'il faut retrancher »
(*Obs. tribun.*, p. 908 ; *Fenet*, ij, 751). La cour de Nancy va
plus loin. Elle dit, que des prescriptions de ce genre pourraient s'étendre jusques à un siècle.

De pareilles raisons, appuyées de tels faits, auraient dû, ce
semble, convaincre les partisans les plus prononcés du système de la suspension, et néanmoins la proposition de la
cour suprême a essuyé une vive critique. Dans cette proposition, elle méconnaît, a-t-on dit, les notions qui justifient
l'établissement de la prescription, qui toutes roulent en définitive, sur un fait de négligence imputable au créancier ou
au propriétaire. Or l'on ne peut reprocher ni incurie, ni
faute aux mineurs, ou aux interdits.

Non, sans doute, il n'y a rien à imputer aux individus en
état de minorité ou d'interdiction, mais leurs tuteurs, leurs
subrogés-tuteurs, leurs conseils de famille, à quoi pour-
ront-ils donc servir ?... Si l'on proposait d'ajouter quelques
précautions pour rendre plus difficiles les négligences ou
les fraudes des tuteurs, comme d'étendre les droits et les
devoirs de surveillance, soit des subrogés-tuteurs, soit des
conseils de famille; d'exiger de ceux-ci un examen spécial
des titres, soit de créances, soit de propriété des mineurs,
d'après les inventaires (v. *Code civ.*, 420 et suiv., 451 et
suiv.), et de soumettre au ministère public le résultat de cet
examen, etc., etc... nous concevrions ces propositions;
mais fermer les yeux sur les inconvéniens naissant de ces
prescriptions de soixante et de quatre-vingts années, alléguées par la cour suprême, sur ces maux qu'elle déclare
intolérables, en un mot sur ce qui touche si essentiellement
aux intérêts du corps social, uniquement pour maintenir
les conséquences de principes abstraits de droit, établis d'a-

près des théories plus ou moins contestables, voilà ce que nous ne nous expliquons point.

Telle a été précisément la source de l'erreur des rédacteurs du Code. Ils avaient retenu ce brocard vulgaire de droit : *Contra non valentem agere non currit præscriptio* (1), la prescription ne court point contre celui qui ne peut agir, et il ne leur en a pas fallu davantage, comme on le peut induire de l'exposé des motifs de la loi (2), pour fermer aussi tout-à-fait les yeux sur les observations de la cour suprême, bien que, vu leur importance pour l'intérêt du corps social, elles méritassent assurément d'être examinées et discutées.

Telle est encore et malheureusement, la puissance des traditions anciennes ; nous en avons un autre exemple bien remarquable.

Nous avons cité (p. 30) l'innovation heureuse des rédacteurs du Code de procédure relativement au délai de l'appel, qu'ils font courir contre un mineur à dater de la signification du jugement faite à son tuteur et à son subrogé-tuteur, tandis que jadis il ne courait qu'après sa majorité.

Ils ont conçu aussitôt du regret de cette disposition nouvelle si conforme aux intérêts de la société, et ils ont maintenu les anciennes règles pour la requête civile, c'est-à-dire pour la voie d'attaque contre les jugemens en dernier ressort... On peut en user pendant trois mois, mais lorsqu'il s'agit d'un mineur, les trois mois ne courront contre lui, d'après le Code de procédure, qu'à partir de la signification

(1) Ce Brocard n'est probablement pas fort ancien, car nous ne l'avons point trouvé dans le savant traité d'Augustin Barbosa (mort en 1649), *de axiomatibus juris usu frequentioribus*, in-fol., 1676.

(2) Par M. Bigot-Préameneu, dans le Recueil des lois composant le code civil avec les discours, etc., t. III (1804), p. 41. — La cour de Rouen (*Obs. tribun.*, p. 921; *Fenet*, t. v, p. 549) proposait même de traduire et de consigner dans le code civil, cet axiome.

du jugement à lui faite depuis l'époque de sa majorité (v. *Cours proc.*, p. 516).

Si donc ce mineur était au berceau à l'époque du jugement en dernier ressort où il a été condamné, il aura, pour en demander la rétractation par requête civile, vingt années pendant lesquelles son adversaire ne pourra tirer aucun parti de ce jugement, et sera placé, au contraire, dans une perpétuelle inquiétude; car si le mineur, devenu majeur, prend la voie de la requête civile, il ne sera pas restreint comme un majeur, à la motiver sur des nullités, des omissions de prononcer et autres vices de formes ; il pourra, au contraire, à l'aide du moyen appelé de *non valable défense*, à lui accordé (*ib.*, p. 514), faire examiner de nouveau la cause et obtenir un jugement différent, si, lors de la première, son tuteur avait omis quelque moyen décisif... Voilà une des parties les plus vicieuses de notre législation, une de celles qu'il est le plus urgent de réformer dans l'intérêt de la société, et néanmoins le système ancien des gens de lois de s'occuper des personnes plutôt que du corps social, leur était si cher, que les rédacteurs du projet de Code, proposaient même d'accorder au mineur la faculté d'user deux fois de la requête civile, ce qui aurait rendu à-peu-près interminables les procès où il aurait figuré. Heureusement cette idée fut repoussée par le conseil d'état (*ib.*, p. 508, note 18).

On a dû être frappé du fait grave allégué par la cour suprême (v. p. 58), que, grâce à la suspension et par suite de minorités successives, des prescriptions avaient duré soixante et quatre-vingts ans : bien que ce fait n'ait pas été révoqué en doute par les partisans de la suspension et qu'il ait même été confirmé indirectement en 1837 par les auteurs du Code sarde, puisqu'ils ont jugé nécessaire (art. 2394) de limiter à soixante ans l'effet de plusieurs suspensions, il aura pu néanmoins paraître fort extraordinaire. Il ne nous a point semblé tel. Nous nous souvenons d'avoir assisté, vers 1786 à 1788, aux plaidoiries d'un procès considérable soutenu au parlement de Grenoble par une maison noble d'Angoumois contre le comte de La-Tour-du-Pin-Paulin(1), depuis ministre de la guerre. Les faits primitifs qui avaient donné lieu à la contestation s'étaient passés en 1654, plus de cent trente ans auparavant..., et, si nous nous le rappelons bien, c'était aussi à l'aide de suspensions successives de prescription, qu'une des parties avait pu faire différer si longtemps la décision du litige.

Toutefois, un penchant ancien des juges à fermer les yeux sur les inobservations des délais légaux (*Cours proc.*, p. 153, n. ij, et note 7, n. 1) à oublier trop souvent l'axiome si utile au corps social, *vigilantibus non dormientibus jura subveniunt*, avait pu aussi contribuer à prolonger si fort ce procès et beaucoup d'autres... Et ce penchant pouvait être justifié dans les anciens temps jusqu'à un certain point, par la difficulté des communications. Nous indiquerons deux traces de ce penchant. Nous apercevons la première dans des remontrances où le parlement de Grenoble se plaignait de la brièveté de presque tous les délais fixés par l'ordonnance de 1667 ; et, nous l'avons dit, plusieurs de ces délais étaient, au contraire, trop grands. Nous trouvons la seconde dans une observation naïve faite par Rebuffe, savant praticien du XVIe siècle, au sujet d'un délai de trois jours pendant le-

---

(1) Dans les Biographies (voir entre autres Goigoux, mot Tour-du-Pin), il est appelé La-Tour-du-Pin-Gouvernet. Dans les mémoires imprimés et dans les plaidoiries du procès, il était seulement ainsi désigné : *le comte de Paulin*. C'est que La-Tour-du-Pin étant le nom de famille des derniers souverains du Dauphiné, le parlement de Grenoble ne souffrait pas que personne le prit. Le comte de Paulin, devenu bientôt après (1789), ministre de la guerre, signait tout simplement, *La-Tour-Dupin*... Il plaidait contre la famille de Livenne.

quel, d'après une ordonnance de Charles VII, les parties devaient remettre les pièces sur lesquelles elles s'étaient appuyées dans leurs plaidoiries. *Hæc ordinatio*, dit il, *parum servatur in parlamento, in quo non solum dantur tres dies, sed tres menses, sed aliquando tres anni, et interdum tria lustra.*

Aujourd'hui qu'à la même difficulté des communications a succédé cette facilité prodigieuse dont nous avons parlé, on n'a plus les mêmes excuses ni pour fermer les yeux sur la négligence, ni pour maintenir, en matière de prescription, de longs espaces de temps, et il ne faut pas hésiter non plus à supprimer la fâcheuse prérogative établie au profit des mineurs et des interdits, sauf à multiplier les précautions prises par les lois pour veiller à leurs intérêts.

Nous terminerons ici notre mémoire, dont les conclusions se bornent, on le voit, à deux points : Réduire le temps des longues prescriptions, et supprimer la suspension accordée aux mineurs et interdits, ce qui comprendra aussi l'abrogation du texte d'après lequel le délai de requête civile ne court contre eux que d'une signification faite depuis leur majorité.

APPENDICES.

N. B. Ils ont été omis à la seconde lecture, et l'on n'avait compris dans la première, que ceux marqués C, G et H (ce dernier était alors beaucoup plus considérable).... Les notes du Mémoire n'ont été communiquées ni à la première, ni à la seconde lecture.

A. *Indication de divers ouvrages d'économie politique, publiés au milieu du XVIIIe siècle* (voir page 8).

N. B. Nous possédons tous les ouvrages d'économie politique indiqués dans notre mémoire... comme plusieurs de ces ouvrages sont devenus assez rares, nous croyons utile d'en rappeler les intitulés.

1. Théorie et pratique du commerce et de la marine, traduction libre sur l'espagnol (édition de Madrid, de 1742), de Don Geronimo de Ustaritz, in-4, Paris, 1753 (voir la Bibliographie de M. Blanqui, ij, 406).

2. Le négociant anglais, ou traduction libre (par Forbonnais) du livre intitulé : *the British merchant* (il avait paru en 1713), 2 in-12, Dresde et Paris, 1753.

3. Essai sur la différence du nombre des hommes dans les temps anciens et modernes, traduit de l'anglais de M. R. (Robert) Wallace, par M. Dejoncourt, in-12, Londres, 1754 (M. Blanqui, ij, 392, indique une édition de 1769, in-8, sous le titre de Dissertation historique, etc.).

4. Traités sur le commerce et sur les avantages qui résultent de la réduction de l'intérêt de l'argent, par Josias Child, avec un petit traité contre l'usure, par Thomas Culpeper, traduits (par Gournay... v. p. 10...) de l'anglais, in-12, Amsterdam, Berlin et Paris, 1754 (v. M. Blanqui, ij, 457)... Le traité de Culpeper avait paru en 1621; celui de Child, en 1669 (*voir* encore pour des éloges et une critique de Child, *Ec. norm., leç.*, iv, 467, et *Stewart*, iv, 38 et suiv.).

5. Remarques sur les avantages et les désavantages de la France et de la Grande-Bretagne par rapport au commerce, etc., traduits de John Nickolts (Plumard de Dangeul... *Voir* Barbier, Anonymes, n. 16261), in-12, Leyde, 1754.

6. Essai sur la nature du commerce en général (par Cantillon), traduit (supposition) de l'anglais, in-12, Londres, 1756.

7. Recherches et considérations sur les finances de France, depuis 1595 jusqu'à 1721 (par Forbonnais), 2 in-4, Bâle, 1758 (nous en avons parlé dans notre Mémoire sur le remboursement des rentes, 1837, p. 5 et suiv.).

8. Recherches sur la valeur des monnaies et sur le prix des grains avant et depuis le concile (794) de Francfort (par Dupré de Saint-Maur), in-12, Paris, 1762.

9. Introduction générale à l'étude de la politique, des finances et du commerce, par Beausobre, 2 in-12, Amsterdam, 1765.

10. Histoire du commerce et de la navigation des Egyptiens, sous les Ptolémées, par Ameilhon, in-12, Paris, 1766.

11. Recherches sur la population des généralités d'Auvergne, etc., avec des réflexions sur la valeur du blé en France et en Angleterre, depuis 1674 jusqu'en 1764, par Messance, in-4, Paris, 1766.

12. Principes et observations économiques, par Forbonnais, 2 in-12, Amsterdam, 1767.

13. Histoire des colonies européennes dans l'Amérique, etc., traduite de William Burck (Soame Jenyngs), par E. (Eidous), 2 in-12, Paris, 1767.

14. Essai analytique sur la richesse et sur l'impôt (par Graslin), in-8, Londres, 1767.

15. Principes sur la liberté du commerce des grains (par Louis-Paul Abeille), in-8, Amsterdam et Paris, 1768.

16. Réflexions sur le commerce des blés (par Condorcet), in-8, Amsterdam et Paris, 1769.

17. Dialogues sur le commerce des blés (par Galiani), in-8, Londres, 1770 (*voir* sur cet ouvrage, M. Blanqui, ij, 434, surtout Vandermonde, *Éc. norm., leç.*, iv, 174).

N. B. On publia vers ces années et les suivantes, beaucoup d'opuscules sur la même matière.

18. Histoire philosophique et politique du commerce et des établis-

semens des Européens dans les Deux-Indes, par Raynal... M. Blanqui se borne à émettre une opinion sur cet ouvrage célèbre... Ajoutons qu'il parut d'abord en 1770, en 4 vol. in-8, et qu'il fut bientôt réimprimé (Amsterdam, 6 vol., Genève, 7 vol., etc.), avec des additions considérables fournies par l'auteur.

19. Théorie du luxe, ou traité dans lequel on entreprend d'établir que le luxe est un ressort utile, etc. (par Pinto), in-8, en 2 parties, 1771... M. Blanqui (ij, 453 et 454) parle de cet ouvrage remarquable, comme publié en 1762... C'est sans doute une faute d'impression; notre exemplaire est daté de 1771, et l'on y cite (part. 2, p. 26) des ouvrages publiés en 1767 et 1768.

B. *Sur les décrets du 4 août 1789, relatifs à la suppression du régime féodal* (voy. page 11).

Des excès dans un repas alors usité, le souper, contribuèrent, avons-nous dit, à la suppression des droits féodaux prononcée par l'Assemblée constituante, pendant la nuit du 4 au 5 août. C'est en effet ce qu'énonçaient les correspondances du temps. Dans le grand nombre des sacrifices faits pendant cette nuit, il y en eut sans doute d'inspirés uniquement par l'amour de la patrie, mais beaucoup d'entre eux ne furent pas de ce genre. Faisaient-ils preuve d'un grand désintéressement, ces privilégiés qui renonçaient à des droits dont l'usage leur était défendu, ou bien qui ne leur appartenaient pas?... par exemple, cet évêque qui offrait l'abandon du droit de chasse?.. Cet homme de loi qui offrait celui des justices des seigneurs?... Ce gentilhomme qui renonçait à la vénalité des offices de judicature?... *Voir* Toulongeon, Histoire de France, depuis la révolution de 1789, tome 1, an IX (1801), p. 99 et 100.

Aussi, d'un côté, y eût-il des réclamations, par exemple, celle du célèbre Lally-Tollendal (*Biograph. des Quarante*, 1826, p. 191), contre la trop grande extension donnée aux sacrifices... et de l'autre, sollicité, selon toute apparence, par ceux aux dépens et sans le concours desquels on avait montré de la générosité, Louis XVI, malgré l'extrême difficulté de sa position, et dans le seul espoir, si incertain, de quelque évènement favorable, différa-t-il fort long-temps (plus de quarante jours... voir *Lois et Actes*, t. 1, p. 5) d'ordonner la publication et l'exécution des décrets du 4 août.

C. *Anecdote relative aux études du ministre Pitt* (v. p. 15).

Vandermonde s'était lié avec le secrétaire d'un ministre d'état, collègue de Pitt, le fameux Dundas, depuis lord vicomte Melville. Selon le secrétaire, les Anglais préféraient alors Stewart à Smith. Il citait, à cet égard, une anecdote curieuse et bien intéressante pour les Anglais et par malheur aussi pour les Français. Le célèbre ministre Chatam, dont la mémoire est encore vénérée dans la Grande-Bretagne, avait plusieurs fils. L'aîné, depuis le comte de Chatam, devant hériter de sa pairie et de presque tous ses biens, pouvait, disait-il, être et rester un ignorant. Le second, au contraire, le trop fameux Pitt, vu la modicité de la part à lui destinée, avait besoin d'acquérir la science profonde nécessaire à un homme d'état du premier rang... Chaque jour, lord Chatam se renfermait dans son cabinet avec Pitt ; il lui expliquait un chapitre des Recherches de Stewart, et il ne laissait sortir son fils que lorsqu'il avait parfaitement compris et retenu ce chapitre.

Les Anglais, disait le secrétaire, attribuaient à cet enseignement, l'habileté extraordinaire de Pitt en administration, habileté qui le mit en état d'être second ministre des finances (chancelier de l'échiquier) à vingt-trois ans, à un âge où dans les provinces méridionales de France, nos compatriotes étaient encore soumis à l'autorité d'un curateur.

Au fond, et en admettant dans tous ses points, la réalité de l'anecdote, elle prouverait l'excellence de l'ouvrage de Stewart, mais non point sa supériorité sur celui de Smith, parce que lord Chatam, mort en 1778, et depuis long-temps infirme, avait pu très bien ne pas étudier l'ouvrage du dernier, publié seulement en 1776.

D. *Indication de divers ouvrages d'économie politique, dont on a désigné les auteurs*, page 16, lig. 16...

Discours fondamental sur la population, par Herrenschwand, in-8, Paris, an iij (1795), réimprimé sur l'édition de Londres, de 1786.

De l'économie politique et morale de l'espèce humaine, par le même, 2 in-4, Londres, 1796.

Du vrai principe de l'économie publique, ou du crédit public, par le même, in-8, Londres, 1797.

Abrégé élémentaire des principes de l'économie politique (par Garnier), in-12, Paris, an iv (1796).

Mémoires d'économie publique, de morale et de politique (recueillis par Rœderer), 2 in-8, Paris, sans date, mais en grande partie de l'an viij (le discours d'ouverture de notre Cours d'économie politique, fait vers ce temps, à l'Ecole centrale de l'Isère, est dans le tome Ier).

E. *Autres ouvrages d'économie politique, dont les auteurs sont indiqués page* 16, lig. 20...

1. Réflexions sur l'économie politique, traduites de l'italien du comte de Verri, in-12, Lausanne, 1773.

2. De la félicité publique ou considérations sur les hommes dans les diverses époques de l'histoire (par Chastellux), 2 in-8, Amsterdam, 1772.

3, 4 et 5. Recueil d'ouvrages sur l'économie politique et rurale, traduits de l'anglais, par Fréville, 2 in-8, La Haye, 1775, savoir :

L'arithmétique politique, par M. Young ;

Traité de l'utilité des grandes fermes et des riches fermiers, par M. Arbuthnot ;

Essai sur l'état présent de l'agriculture des Iles-Britanniques, par le même.

6, 7 et 8. Voyages faits en France en 1787, 1788, 1789 et 1790, par Arthur Young, traduits par Soulès, avec des notes de Cazaux et des cartes, 3 in-8, Paris, 1793.

Voyage en Italie, du même, traduit par le même, in-8, Paris, an v (1797).

Voyage en Irlande, du même, traduit par Milon, in-8, Paris, an viij (1800).

9. Le commerce et le gouvernement considérés, relativement l'un à l'autre, par Condillac, in-12, Amsterdam et Paris, 1776... 2e édition, in-8, Paris, an iij (1795).

10. Observations sur les moyens d'exciter l'industrie nationale, par James Anderson, in-8, Edimbourg, 1777.

11. Recherches et considérations sur la population de la France, par Moheau, in-8, Paris, 1778.

12. Compte-rendu au roi au mois de janvier 1781, par Necker, in-4, Paris, 1781.

13. De l'administration des finances de la France, par le même, 3 in-12, Paris, 1785.

14. De la banque d'Espagne, dite de Saint-Charles, par le comte de Mirabeau, in-8, 1785.

15. De la caisse d'escompte, par le même, in-8, 1785.

16. Vues nouvelles sur l'administration des finances (par Hocquart de Coubron), in-8, 1787.

17. Considérations sur quelques parties du mécanisme des sociétés, par Casaux, 5 in-8, Londres, 1785-1788.

18. De la foi publique envers les créanciers de l'état (par Clavière), in-8, Londres, 1788.

19. Principes de philosophie morale et politique, par William Paley, 2 in-8, 1780 ou 1790 (Vandermonde en cite la 5e édition, et M. Quérard, vj, 562, une traduction de la 19e).

N. B. Presque tous les ouvrages, indiqués dans le présent appendice, sont cités ou recommandés (v. ci-dev. p. 16), par Vandermonde (*Éc. norm., leç.*, ij, 241 et 448; iij, 152; iv, 174 et 469; v, 100, 103, 107, etc.).

F. *Sur le nom donné au code civil* (voy. p. 18).

Le premier Recueil de nos lois fut d'abord nommé *code civil* par la loi du 30 ventose an xij (21 mai 1804), postérieure seulement de six jours au dernier titre de ce code, ou au titre de la prescription... mais dès le 14 prairial an xiij (3 juin 1805), au bout de treize mois, l'empereur le qualifia lui-même de code *Napoléon*, en ordonnant (*Bullet. des lois*, p. 229, n. 815) sa publication dans les états de Parme, Plaisance et Guastalla, et il reproduisit ce titre, le 15 messidor suivant (4 juillet 1805), en prescrivant la même mesure pour les anciens états de la république de Gênes (*ib.*, p. 242, n. 837).

Dès-lors et pendant deux ans, le second intitulé fut par fois substitué au premier, bien qu'aucun acte régulier n'eût dérogé à la disposition législative (même loi du 30 ventose an xij, art. 1er) qui consacrait formellement celui-ci.

Mais comme deux mois après la promulgation du code, l'empire avait aussi été substitué à la république (*Sénatus-consulte* du 28 floréal an xij, art. 1), on avait senti la nécessité de faire des changemens à plusieurs expressions du code civil, peu concordantes avec ce nouveau régime. C'est ce qui fut fait seulement par un projet proposé le 24 août 1807, et converti en loi le 3 septembre suivant. On y indique au commencement, les articles du code où seront faits des changemens (deux ou trois de ces changemens (1) sont étrangers aux expressions), et l'on arrête que les lois formant le code civil seront promulguées de nouveau sous le titre de *code Napoléon*.

Par une bizarrerie inexplicable, cette loi n'a point été insérée dans le Bulletin officiel. On s'est borné à y placer dans un cahier particulier (n° 154 bis), la nouvelle édition du code Napoléon, en lui donnant pour date celle de la même loi, que par une autre bizarrerie, on qualifie de Décret. Ces trois dispositions de la loi, dont deux sont néanmoins fort importantes, puisque dans l'une (art. 1), indépendamment du nouvel intitulé substitué à l'ancien, on énonce tous les articles auxquels on fait des changemens, et dans l'autre (art. 3), on décide que les diverses lois, composant le code, continueront à être exécutoires à dater de leur promulgation particulière; ces dispositions, disons-nous, ont été tout-à-fait omises. On ne les trouve pas même dans le Recueil savant et si utile de M. Fenet (v. t. 1, p. cxviij à cxxxiv). Nous avons compulsé un grand nombre d'ouvrages et consulté beaucoup de magistrats et de jurisconsultes pour découvrir cet acte où le titre de code Napoléon était enfin consacré. Nous aurions pu nous épargner tant d'embarras en ouvrant un livre placé en quelque sorte sous notre main (2), et où nous avons appris que cette loi se trouve dans le Moniteur (25 août et 4 et 5 septembre 1807, page 920 à 922, 964 et 965).

---

(1) L'un d'eux est d'une haute importance, puisqu'il établit les majorats (Code civ., art. 896, alinéa 3, abrogé seulement par la loi du 12 mai 1825).

(2) Commentaire sur la charte, par Félix Berriat-Saint-Prix, p. 416, à la note (il y a deux fautes d'impression).

G. *Sur les jouissances des anciens Romains opulens, comparées à celles des Français de nos jours, doués d'une simple aisance* (v. p. 44).

Nous ne pouvons nous empêcher de placer ici une réflexion. Au récit des jouissances fastueuses dues à leurs fortunes colossales, et que confirment souvent de nos jours, des découvertes d'objets précieux d'art, dans le sol de ces palais ou de ces villas, bien des personnes pourraient envier la destinée de ces grands de Rome... Nous leur citerons une observation assez piquante de deux écrivains anglais, Arbuthnot et Gibbon (*ix*, 190, 192, 196). Ces puissans personnages, disent-ils, manquaient des commodités de la vie, dont tous les Européens modernes, excepté ceux qui sont tout-à-fait dans l'indigence, peuvent facilement et à chaque instant se procurer le plaisir. Les premiers Césars, ajoute l'un d'eux, n'avaient point de vitres à leurs croisées et ne possédaient pas une seule chemise. Ils roulaient, observe l'autre, sur des chars d'argent et même d'or, mais dans ces véhicules éblouissans, ils étaient, faute de soupentes et d'impériales, aussi cahotés et aussi exposés aux injures des saisons, que nos paysans le sont encore sur nos plus lourds chariots... et en lisant ces deux remarques, un Français y ajoutait récemment celle-ci, non moins vraie, mais un peu triviale : ces Romains, à vingt, trente, cinquante et cent millions, disait-il, n'avaient pas plus de bas que de chemises; pas plus de papier pour écriture ou pour lanternes, que de vitres pour leurs croisées ou de reverbères pour leurs rues, ou d'allumettes phosphoriques pour leurs logemens; pas plus d'étriers pour leurs selles, que de soupentes pour leurs chars; pas plus de chapeaux confortables et de parapluies, que d'impériales... enfin, ils ne connaissaient ni l'imprimerie, ni la poudre à tirer, ni la boussole, ni les lunettes, ni les montres, ni les lettres de change, ni les auberges proprement dites, ni les rideaux et ciels de lit, ni les restaurans, ni les cafés, ni les fiacres, ni les omnibus. J'aimerais mille fois mieux aujourd'hui un capital de cent cinquante mille francs, que jadis la fortune mille fois plus considérable, ou les cent cinquante millions de ce Sylla, surnommé l'Heureux.

Nous ajouterons plusieurs remarques à cette espèce de boutade.

1. *Inventions modernes*... Relativement à la plupart de celles dont il

y est question, nous renverrons aux ouvrages suivans : Encyclopédie méthodique, Antiquités, mots précédens; Bridault, I, 180; II, 141 et suiv., 148, 187; Darnay, p. 23, 249, 265; Vandermonde, Ec. norm., leç. ij, 450 et suiv.

2. *Auberges proprement dites...* Les caupones, dont il est question dans le digeste (*Nautæ, Caupones*, etc., lib. 4, tit. 9), paraissent avoir été de simples marchands de vin ou traiteurs. Aussi Vandermonde (*suprà*) observe-t-il que l'établissement des auberges a fait disparaître l'hospitalité usitée chez les anciens, comme elle l'est encore chez les peuples modernes où les auberges sont inconnues.

3. *Chapeaux confortables...* D'après Darnay (p. 270), les Romains avaient différentes sortes de chapeaux faits à-peu-près comme nos bonnets de nuit; mais ils ne s'en servaient guère, et le plus souvent ils se garantissaient des intempéries des saisons en se couvrant la tête, du bout de leurs toges.... Or, c'est précisément aujourd'hui la ressource des individus assez pauvres pour ne pouvoir se procurer de parapluie (v. aussi Bridault, t. I, p. 180).

4. *Véhicules cahotans...* Tels étaient encore en 1824, ceux des dames turques du plus haut rang, même des sultanes (v. *M. Brayer*, Neuf années à Constantinople, t. 1 (1836), p. 15). Leurs chariots, si l'on excepte la clôture exigée pour les femmes par les mœurs orientales, sont sans doute des imitations de ceux dont se servaient les Gréco-Romains, lors de la prise de Constantinople, car les usages des Turcs sont presque invariables.

H. *Sur la rapidité des voyages par les chemins de fer*
(v. page 46).

D'après les expériences communiquées à M. Arago et à l'Académie des sciences, par M. de Pambour, des locomotives perfectionnées et peu chargées, ont franchi par heure, plus de vingt-deux de nos lieues de poste (*Comptes rendus de cette Académie*, 19 *août* et 22 *novembre* 1839, p. 278 et 711), de sorte qu'il suffirait d'environ quatre heures et deux tiers pour chaque centaine de lieues.

Un Parisien parti à quatre heures du matin pourra donc dans la nuite, à l'aide de semblables voitures, rentrer à minuit à son domicile, au bout de vingt heures, après en avoir employé six, soit à son repas, soit à entendre les plaidoiries et le jugement d'un procès de peu d'importance, pendant aux cours de Colmar, de Lyon, etc., parce qu'il lui restera encore sept heures, au lieu de cinq, pour chaque centaine de lieues qu'il aura eu à parcourir.

I. *Droit accordé par la loi romaine pour un temps fort court, et prorogé tacitement par le code civil à un temps fort long* (v. ci-dev. p. 51, note 2).

Un édit du préteur accorda aux créanciers la faculté de faire révoquer les actes faits en *fraude* de leurs droits par leurs débiteurs ; mais il ne permit l'exercice de cette faculté que pendant une année. On pressent les motifs de cette restriction. Au bout d'un intervalle de temps un peu long, il devient fort difficile d'établir la fraude, et c'est d'ailleurs, s'il est permis de parler ainsi, un assez grand pouvoir dans un créancier que cette *immixtion* dans les transactions de son débiteur. On trouve cet édit et les décisions auxquelles il donna lieu, dans le titre du Digeste, intitulé : *Quæ in fraudem creditorum* (v. surtout les lois 1, 6 (§ 14) et 10 (§ 18).

Les législateurs français ont accordé la même faculté aux créanciers, dans l'art. 1167 du code civil ; mais ils ont oublié d'en limiter la durée. D'où la conséquence, d'après les observations déjà présentées (p. 51), qu'au lieu d'*une année*, les créanciers en auront *trente*, à moins qu'il ne s'agisse de rescision d'actes, où ils en auront seulement dix (v. p. 38 et 39); de sorte qu'en dernière analyse, ils auront un délai dix fois ou trente fois plus considérable que le délai fixé par l'inventeur de l'action révocatoire, et pour un état bien plus vaste que la France (v. p. 25, 44 et 45).

K. *Explication par ordre alphabétique, des signes employés dans le mémoire.*

Append... Appendice placé à la fin du mémoire et divisé en diverses parties désignées par des lettres.

Balbus... Tractatus fœcundus, etc. materiæ omnis prescriptionis, etc.

per J.-Fr. Balbum., dans le recueil intitulé De prescriptionibus, in-8, Lyon, 1567.

Bergier... Histoire des grands chemins de l'empire, in-4, 1728.

Blackstone... Commentaires sur les lois anglaises avec les notes de Christian, traduction de Chompré, 6 in-8, 1823.

Bretonnier... Observations dans les OEuvres de Henrys, 2 vol. in-fol., édition de 1708.

Bridault... Mœurs et coutumes des Romains, 2 in-12, 1754.

Bullet. Géogr... Bulletin de la société de géographie, 14 in-8 (le tome 8 a paru en 1827).

Calvin... Lexicon juridicum, in-fol., 1622.

Catelan... Arrêts remarquables du parlement de Toulouse, édition de 1722, 2 vol. in-4.

Caton... De re rustica... dans les Scriptores rei rusticæ, Leipsick, 1735, in-4, tome 1er.

Code Louis XV... Code de Louis XV, ou recueil des réglemens, etc., de ce roi, 3e édit., Grenoble, 1765, 2 in-12.

Cours crim... Cours de droit criminel fait à la Faculté de droit de Paris, 4e édition, in-8, 1836.

Cours proc... Cours de procédure fait à la Faculté de droit de Paris, 6e édition, 2 in-8, 1835.

Cujas-Venise... *Cujas-Scot*... OEuvres de Cujas, édition de Venise-Modène, 1758-1782, 10 vol. in-fol... Les mêmes, édit. de Scot, Lyon, 1614, 4 in-fol.

Darnay... Vie privée des Romains, in-12, 1760.

Dunod... Traité des prescriptions, etc., par F.-J. Dunod de Charnage, etc., in-4 (la 1re édition parut en 1734 : nous nous servons de celle de 1765).

Ec. norm., leç... Séances des Ecoles normales, Leçons... *Ec. norm., Déb*... Les mêmes, Débats.. Ces leçons et débats recueillis par des sténographes et revus par les professeurs, forment huit volumes in-8, dont les premiers ne portent pas de date, mais sont de l'an III ou 1795 (ils étaient imprimés par feuilles, distribuées aux élèves) et les derniers, des ans IV et VI... Les tomes VII et VIII, où l'on a mis cette dernière date, contiennent uniquement, du moins dans les exemplaires que nous avons vus, l'Exposition du système du monde, par La Place, publiée en 1796, une année après la suppression des écoles normales... Une seconde édition du même recueil, aussi en huit volumes in-8, parut en l'an ix (1800-1801).

Fenet... Recueil complet des travaux préparatoires du Code civil, par M. Fenet, 15 vol. in-8, 1836.

Gibbon... Histoire de la décadence et de la chute de l'Empire romain, traduction de Cantwel, 12 vol. in-12, 1791.

N. B. D'après l'interprétation (v. p. 43, note 1) qu'en a faite Gibbon, il résulte d'un passage d'Ammien-Marcellin, que les familles puissantes de Rome possédaient des domaines dans toutes les parties de l'empire... Cette interprétation est fortifiée par un autre passage du même auteur. Il dit en effet (xxvij, 10, édit. 1591, p. 424) de Probus, consul en 371, *potentia et opum amplitudine cognitus orbi romano, per quem universum pene patrimonia sparsa possedit...*

Hist. dr. Rom... Hist. Cujas.... Histoire du droit romain, suivie de l'histoire de Cujas, in-8, 1821.

Indicat. Cassat... Extrait des indications présentées au gouvernement par une commission du tribunal de cassation, sur la procédure civile, etc., Moniteur du 7 pluviose an ix.

Leclerc (M.)... Des journaux chez les Romains, etc., 1838, in-8.

Locré... Législation civile, commerciale et criminelle, etc., par M. Locré, 31 in-8, 1826-1832.

Lois et act... Lois et actes du gouvernement, imprimerie royale, 1806-1807, 8 vol. in-8.

Magas. enc... Magasin encyclopédique, etc., rédigé par M. Millin... 1795 à 1816.

Obs. tribun... Analyse des observations des tribunaux d'appel, etc., sur le projet du code civil, etc., in-4, an xj (1802).

Pacius... Julii Pacii à Beriga, institutionum analysis, etc., in-12, Bâle, 1641 (nous avons donné une notice sur sa vie et ses ouvrages, dans la Revue de M. Fœlix, Paris, 1840, 2e série, t. 3, p. 169 et suiv.)

Peignot (M.)... Recherches sur le luxe des Romains, dans les Mémoires de l'Académie de Dijon, année 1836, partie des lettres, p. 76 et suiv.) (nous avons présenté, pag. 43, n. 1 à 12, les résultats des recherches de ce savant consciencieux, mais en les disposant dans un autre ordre que le sien).

Quérard (M.). La France littéraire, ou Dictionnaire bibliographique, etc., 10 in-8, Paris, 1827-1840.

Rebuffe... Commentaria in ordinationes regias, etc., 3 in-fol., édit. de 1613.

Rec. gén. lois... Recueil général des anciennes lois françaises, par MM. Isambert, de Crusy, Jourdan, Taillandier, etc., 22 in-8, 1821 à 1830. — *Rec. Louis XVI*. Même recueil, 6 in-8, pour le règne de Louis XVI, 1826-1827.

Répert... Répertoire universel de jurisprudence, par M. Merlin, 4ᵉ édit., 1812-1825, 17 in-4.

Rollin... Histoire romaine, etc., 12 in-12, 1738.

Stewart... Recherches des principes de l'économie politique, etc., par Jacques Stewart (traduites par Sénovert), 1789, Paris, Didot, 5 in-8... Vandermonde (*écol. norm.*, leç., ij, 448) croit que la première édition originale fut publiée en 1767. Il est du moins certain qu'elle n'est pas antérieure à 1765, car Stewart, dans son dernier volume (iv, 42), énonce qu'il écrit en 1764... On lit aussi dans Vandermonde (*ibid.*), qu'elle précéda de vingt ans l'ouvrage de Smith... C'est sans doute une faute d'impression, car l'ouvrage de Smith, on l'a vu (p. 13), parut en 1776.

N. B. Stewart fut cité au bout de peu de temps, disons-nous, p. 16, à nos tribunes législatives, et entre autres, par Le Brun... Nous avons depuis, découvert une des séances où il le fut, et avec éloges, non-seulement par Le Brun, mais encore par Mathieu Dumas, parlant au nom d'une commission du conseil des anciens. C'est celle du 26 ventose an iv (Moniteur du 1ᵉʳ germinal), neuf mois à peine après la suppression de l'Ecole normale.

Nous saisirons cette occasion pour ajouter une preuve à celles que nous donnons à la même page 16, de l'influence qu'eut l'étude de l'économie politique sur les travaux de nos législateurs. Dans la constitution de fructidor an iii (art. 214), au lieu de la valeur variable de l'argent, on prit pour mesure de la jurisdiction, la valeur à-peu-près invariable du blé.

Thierry (M.).. Récits des temps mérovingiens, etc., 2 in-8. 1840.

FIN.

www.ingramcontent.com/pod-product-compliance
Lightning Source LLC
LaVergne TN
LVHW020108100426
835512LV00040B/1846